Antonio Jaimez

LANGAGE CORPOREL, LE GUIDE COMPLET

Un guide révolutionnaire pour décoder tous les silences avec une maîtrise extrême

D1667750

Ce livre est destiné à des fins d'information générale uniquement et ne doit pas être considéré comme un conseil juridique, financier, médical ou professionnel de quelque nature que ce soit. Le contenu de ce livre est fourni à des fins éducatives et informatives uniquement et ne garantit pas l'exactitude, l'exhaustivité ou l'applicabilité des informations présentées.

L'auteur et l'éditeur ne peuvent être tenus responsables de toute action entreprise par le lecteur sur la base des informations contenues dans ce livre. Il est conseillé aux lecteurs de consulter des professionnels compétents avant de prendre des décisions ou d'agir sur la base des informations présentées dans ce livre.

L'auteur et l'éditeur de ce livre ont fait des efforts raisonnables pour assurer l'exactitude et la fiabilité des informations fournies dans ce livre. Toutefois, aucune garantie n'est donnée quant à l'exactitude ou à l'exhaustivité des informations contenues dans ce livre. L'auteur et l'éditeur déclinent toute responsabilité en cas d'erreur ou d'omission dans le contenu, ainsi que pour toute perte, tout dommage ou toute blessure pouvant résulter de l'utilisation des informations contenues dans ce livre.

Toutes les marques commerciales, marques de service, noms commerciaux, noms de produits et logos apparaissant dans ce livre sont la propriété de leurs détenteurs respectifs. L'utilisation de ces marques, marques de service, noms commerciaux, noms de produits et logos n'implique aucune affiliation, parrainage, approbation ou lien avec l'auteur et l'éditeur de ce livre. Les détenteurs des marques déposées n'assument aucune responsabilité quant au contenu de ce livre.

Cher lecteur, vous pouvez gagner un bon d'achat Amazon en laissant votre avis sur ce livre en utilisant le code QR suivant, ou en utilisant ce lien :

https://bit.ly/antoniojaimezfr-9

Préface :

Chère lectrice, cher lecteur,

Je vous souhaite chaleureusement la bienvenue dans ce voyage que nous allons entreprendre ensemble. Je suis Antonio Jaimez et je ne peux qu'exprimer ma profonde joie d'avoir l'occasion de partager avec vous ce recueil de connaissances, de réflexions et d'expériences.

Ce livre est en quelque sorte un voyage, qui vous invite à explorer un territoire souvent oublié : celui du langage corporel, ce dialecte que nos corps parlent, parfois en chuchotant, parfois en hurlant, mais toujours avec un sens. Et je ne peux cacher l'enthousiasme qui m'envahit à l'idée que vous ayez décidé de m'accompagner dans ce voyage.

La décision de se lancer dans cette aventure est en effet un geste de sagesse et d'intelligence. Tout le monde n'est pas conscient de l'importance de la communication non verbale, et encore moins nombreux sont ceux qui prennent le temps de l'explorer en profondeur. Mais vous, vous avez montré un intérêt évident pour le décryptage de ces silences qui nous entourent au quotidien, et pour la découverte de ce qu'ils révèlent de nous-mêmes et des personnes qui nous entourent.

Tout au long de ce travail, vous plongerez dans l'essence des gestes et des postures, vous découvrirez le sens caché des yeux, des mains et des pas que nous faisons. Ensemble, nous explorerons les secrets des micro-expressions, de l'utilisation de l'espace personnel et de la synchronisation corporelle. Non seulement vous apprendrez à comprendre le langage corporel des autres, mais vous vous découvrirez vous-même, vos propres gestes et signaux qui sont peut-être passés inaperçus jusqu'à présent.

Cette exploration ne s'arrête pas à notre réalité immédiate ; nous aborderons également le monde numérique, le langage corporel dans les négociations et les relations amoureuses. Vous découvrirez l'impact de la culture sur nos expressions et nous vous fournirons les outils nécessaires pour poursuivre cet apprentissage au-delà de la dernière page de ce livre.

Je suis sûr qu'au terme de ce voyage, vous aurez non seulement acquis de nouvelles compétences qui vous permettront de mieux naviguer dans votre vie quotidienne, mais vous aurez également fait l'expérience de l'épanouissement personnel. Car le langage corporel ne concerne pas seulement les autres, mais aussi nous-mêmes. Grâce à cet apprentissage, vous apprendrez à mieux vous connaître, à prendre confiance en vous et, en fin de compte, à vivre une plus grande harmonie dans vos interactions sociales.

Je vous invite à vous plonger dans ce livre avec un esprit ouvert et la volonté de changer et de grandir. Je vous promets que ce sera une expérience enrichissante et révélatrice. Enfin, je tiens à vous remercier d'avoir choisi d'entreprendre ce voyage avec moi. Je vous assure que cette décision n'est pas seulement précieuse pour vous, mais aussi pour moi.

Je vous souhaite un voyage enrichissant,

Antonio Jaimez

Chapitre 1 : Dépasser les mots : comprendre le langage corporel

Avez-vous déjà eu le sentiment que les paroles de quelqu'un disaient une chose, mais que quelque chose dans son attitude suggérait quelque chose de complètement différent ? C'est ce "quelque chose" que nous allons explorer ici. Ce chapitre vise à aller au-delà des mots, à explorer les gestes, les regards et les postures qui en disent long sur nos véritables intentions, nos pensées et nos émotions. Le langage corporel est une facette fondamentale de la communication, que nous ignorons ou sous-estimons souvent. Mais vous voilà, cher lecteur, prêt à plonger dans les profondeurs de ce langage silencieux. Pourquoi ? Je vais vous expliquer pourquoi.

Tout d'abord, il faut savoir que le langage corporel représente une part importante de notre communication. Certaines études estiment que jusqu'à 93 % de la communication humaine est non verbale. Oui, vous avez bien lu. Quatre-vingt-treize pour cent. Impressionnant, n'est-ce pas ? (Mehrabian, A. (1971). Messages silencieux)

Ce pourcentage peut varier en fonction du contexte, mais une chose est claire : une grande partie de ce que nous communiquons n'est pas transmise par les mots. Imaginez donc tout ce que nous perdons lorsque nous nous concentrons uniquement sur les mots : combien de nuances, de détails, de profondeur nous manquons ?

Le langage corporel nous permet d'entrer en contact avec les autres à un niveau plus profond. Il nous permet de comprendre et d'être compris de manière plus précise. Il nous permet de détecter les incohérences entre ce que dit une personne et ce qu'elle ressent ou pense réellement. Elle nous permet de comprendre des émotions et des attitudes que les mots ne peuvent pas exprimer. En bref, elle nous permet de transcender les mots.

Avez-vous remarqué que votre posture change lorsque vous avez confiance en vous par rapport à celle que vous adoptez lorsque vous n'êtes pas sûr de vous ? Avez-vous remarqué que vos émotions se reflètent dans votre langage corporel ? Tout comme nos paroles, notre corps nous raconte des histoires sur nous-mêmes, et apprendre à écouter ces histoires peut être une étape cruciale vers la connaissance de soi et l'autoréflexion.

Ainsi, que vous souhaitiez améliorer vos compétences en matière de communication, établir des liens plus profonds avec les autres, détecter les véritables intentions et émotions des gens ou mieux comprendre vos propres émotions et comportements, l'étude du langage corporel a beaucoup à vous offrir.

Dans ce chapitre, je vous invite à partir à la découverte. À explorer la signification des gestes, des postures et des expressions faciales. À plonger dans le monde fascinant de la communication non verbale. Mais n'oubliez pas que ce n'est que le début. Tout au long de ce voyage, vous apprendrez également à appliquer ces connaissances dans différents contextes et situations. Êtes-vous prêt à découvrir ce que disent vos silences ?

Comme l'a dit Edward R. Murrow, le célèbre journaliste et correspondant de guerre : "La véritable mesure d'un homme ne se mesure pas en mots, mais en actions". Mais permettez-moi d'ajouter quelque chose à cette phrase. La véritable mesure d'un homme ne se mesure pas seulement en mots, ni seulement en actions, mais aussi dans la manière dont son corps se comporte par rapport à ces mots et à ces actions.

Cela peut sembler un peu abstrait aujourd'hui, mais au fur et à mesure que nous avancerons, vous découvrirez que ce concept prend vie d'une manière que vous n'auriez peut-être jamais imaginée. Nous commencerons à déballer les couches de ce langage fascinant et complexe qu'est notre corps, en découvrant un univers de significations et d'intentions cachées derrière chaque geste, chaque posture et chaque regard.

Vous connaissez peut-être le célèbre sociologue Erving Goffman. Dans son ouvrage "La présentation de la personne dans la vie quotidienne" (1959), Goffman parle du comportement humain comme d'une représentation théâtrale dans laquelle chaque individu joue un rôle. Notre langage corporel devient alors un élément essentiel de cette représentation, révélant des aspects de nous-mêmes que nous préférerions parfois cacher.

Ainsi, chaque interaction que nous avons devient une danse de significations cachées, et la compréhension de ces significations nous donne un aperçu plus profond de la nature humaine. Cela peut nous aider non seulement à interpréter les autres, mais aussi à comprendre comment ils nous perçoivent. Après tout, nos postures et nos gestes parlent aussi pour nous, n'est-ce pas ?

Permettez-moi de vous donner un exemple simple. Imaginez que vous êtes en réunion de travail et que vous remarquez que votre interlocuteur croise les bras. Il peut s'agir d'une simple sensation de froid, mais aussi d'un signe de résistance ou de désaccord. Si vous observez de plus près le langage corporel de votre interlocuteur, vous verrez peut-être d'autres signes qui confirment cette interprétation. Par exemple, vous pourriez remarquer une posture raide ou un regard fuyant. Si vous savez interpréter ces signes, vous pourrez peut-être adapter votre approche et améliorer la communication et la collaboration.

Cependant, l'interprétation du langage corporel n'est pas une science exacte et il peut être dangereux de fonder nos conclusions sur un seul signal. Dans son livre "The Language of the Body" (2007), Allan Pease nous met en garde contre les interprétations simplistes. Les signaux du langage corporel doivent toujours être interprétés dans leur ensemble et dans leur contexte. De plus, chaque individu est unique, et ce qui peut signifier une chose pour une personne peut avoir une signification complètement différente pour une autre.

Il faut donc être à la fois prudent et ouvert, reconnaître la complexité de ce langage silencieux tout en s'émerveillant de sa richesse et de sa profondeur. En fin de compte, comprendre le langage corporel ne consiste pas seulement à décoder des signaux, mais aussi à développer notre empathie, notre perspicacité et, en fin de compte, notre humanité.

Passons à autre chose, en reprenant l'exemple de la réunion d'affaires. Imaginez que c'est vous qui croisez les bras. En êtes-vous conscient ? Et si je vous disais que ce simple geste pourrait envoyer un message de résistance à votre interlocuteur ? Changeriez-vous de posture si vous saviez que cela pourrait augmenter vos chances de succès dans la négociation ? Combien de progrès pourrions-nous faire si nous étions conscients de ces détails subtils et si nous pouvions ajuster nos comportements pour transmettre exactement ce que nous voulons ?

Dans son livre "Emotional Intelligence" (1995), Daniel Goleman affirme que notre capacité à reconnaître et à gérer nos émotions est l'une des compétences les plus précieuses que nous puissions développer. Cela comprend non seulement les émotions que nous ressentons intérieurement, mais aussi celles que nous transmettons par nos expressions faciales, notre posture et nos gestes.

Par conséquent, la compréhension du langage corporel n'est pas seulement un outil pour interpréter les autres, mais aussi pour se connaître soi-même. En réalisant comment notre corps reflète nos émotions, nous pouvons apprendre à gérer nos réactions, à améliorer notre communication et à construire des relations plus fortes et plus authentiques.

Pensons à un moment où vous vous êtes senti(e) vraiment heureux(se). Vous aviez probablement le sourire aux lèvres, les yeux brillants, la posture ouverte et votre langage corporel transmettait cette joie à votre entourage. L'inverse est tout aussi vrai. Dans les moments de tristesse ou de colère, notre corps se ferme, notre regard devient distant et nous transmettons ces émotions négatives à travers notre langage corporel.

Mais si vous pouviez utiliser votre connaissance du langage corporel pour influencer vos propres émotions ? Dans son livre How Emotions Are Made : The Secret Life of the Brain (2017), Lisa Feldman Barrett explore l'idée que nos émotions sont des constructions de notre cerveau et qu'elles peuvent être influencées par nos perceptions et nos expériences. Si cela est vrai, alors ajuster notre posture et nos gestes pourrait nous aider à modifier nos émotions et à améliorer notre communication et notre bien-être.

En explorant plus avant le monde fascinant du langage corporel, nous découvrirons qu'il ne s'agit pas seulement de décoder les messages des autres, mais aussi de comprendre nos propres messages et d'utiliser ces connaissances pour grandir et s'améliorer. Nous nous embarquerons pour un voyage de découverte de soi qui, comme l'apprentissage d'une nouvelle langue, nous ouvrira de nouvelles portes et nous permettra de voir le monde sous un jour nouveau. Êtes-vous prêt à aller de l'avant ?

Fabuleux ! Vous commencez à comprendre la véritable importance du langage corporel. Mais ce n'est que la partie émergée de l'iceberg. En continuant à plonger dans ce vaste océan de conversations silencieuses, vous serez surpris de découvrir tout ce qu'il y a à découvrir.

Combien de fois avez-vous entendu le vieil adage : "Les actes sont plus éloquents que les paroles" ? Probablement beaucoup, n'est-ce pas ? Mais vous êtes-vous déjà arrêté pour réfléchir à ce que cela signifie ?

Dans son livre "Silent Messages" (1971), le Dr Albert Mehrabian affirme que jusqu'à 93 % de notre communication est non verbale. Pouvez-vous imaginer ? Près de 93 % de tout ce que nous "disons" n'est pas exprimé par des mots. Ces regards, ces gestes, ces postures et ces pauses sont autant de paroles prononcées à haute voix. Et maintenant, vous allez apprendre à les écouter.

Considérez ceci : lorsque vous êtes assis en face d'une personne, combien d'informations pouvez-vous glaner à partir de ses seuls mots ? Et combien pouvez-vous en apprendre davantage si vous savez lire son langage corporel ? Les mots peuvent mentir, mais le corps le fait rarement. En apprenant à lire et à comprendre ces signes subtils, vous vous doterez d'une compétence inestimable pour naviguer dans votre vie personnelle et professionnelle.

Je vous invite à me rejoindre dans cette aventure. Dans le prochain chapitre, nous irons plus loin dans cette exploration du langage corporel. Nous découvrirons le "vocabulaire du corps", ces gestes et ces postures que nous utilisons tous mais que nous comprenons rarement. Vous verrez que chaque mouvement, chaque geste, chaque posture est un mot de ce langage silencieux que nous parlons tous mais que peu comprennent.

J'espère que vous êtes enthousiaste, car je suis sûr que ce voyage vous ouvrira les yeux sur un monde de communication dont vous ne soupçonniez pas l'existence. Je vous garantis qu'une fois que vous aurez maîtrisé l'art de décoder les silences, votre vie ne sera plus jamais la même. Êtes-vous prêt à aller de l'avant ? Parce que je vous assure que vous ne voudrez pas manquer la suite.

Chapitre 2 : Le vocabulaire du corps : gestes et postures décodés".

Si vous avez déjà observé un danseur, vous avez perçu la magie qui se dégage de ses mouvements. Le corps, dans sa danse, raconte une histoire, révèle des émotions, communique des sentiments. Mais avez-vous déjà pensé que nous sommes tous, dans notre vie quotidienne, des danseurs dans cette chorégraphie silencieuse du langage corporel ?

Si vous n'y avez jamais pensé auparavant, ne vous inquiétez pas. Vous n'êtes pas le seul. Nous sous-estimons souvent la capacité de notre corps à communiquer. Pourtant, reconnaître cette réalité peut nous ouvrir à un nouveau niveau de compréhension et de connexion avec les autres. Dans ce chapitre, nous nous apprêtons à démêler ensemble ce vocabulaire silencieux du corps.

Avez-vous remarqué que vous avez tendance à croiser les bras lorsque vous vous sentez sur la défensive ? Ou que vous avez tendance à vous toucher le nez ou le cou lorsque vous êtes mal à l'aise ou nerveux ? Avez-vous remarqué que votre posture change lorsque vous vous sentez confiant par rapport à lorsque vous vous sentez peu sûr de vous ou menacé ? Ce ne sont là que quelques exemples de la façon dont notre corps parle sans prononcer un mot.

Mais pourquoi ce vocabulaire corporel est-il important ? Rappelez-vous ce que nous avons mentionné dans le chapitre précédent : jusqu'à 93 % de notre communication est non verbale. En étant conscient de ce que dit notre corps, nous sommes mieux à même d'exprimer ce que nous pensons vraiment et de mieux comprendre les autres.

En revanche, si nous ignorons ces messages corporels, nous pouvons nous retrouver dans des situations embarrassantes ou confuses. Par exemple, imaginez que vous êtes en réunion d'affaires et que, sans vous en rendre compte, vous envoyez des signaux de désintérêt ou de défiance par votre langage corporel. Alors que vos paroles disent une chose, votre corps peut en dire une autre, ce qui entraîne des malentendus et de la méfiance.

L'importance de comprendre le langage corporel devient encore plus évidente lorsque nous réalisons que la façon dont nous bougeons et nous positionnons peut affecter non seulement la façon dont les autres nous perçoivent, mais aussi la façon dont nous nous percevons nous-mêmes. Ce concept, connu sous le nom de "feedback corporel", a été popularisé par la psychologue sociale Amy Cuddy dans son exposé TED de 2012. Elle a démontré que l'adoption de postures de pouvoir peut augmenter notre niveau de confiance et diminuer notre stress.

Alors, êtes-vous prêts à vous lancer ensemble dans cette exploration, à ouvrir les yeux et à lire le monde d'une nouvelle manière ? Allez, il est temps de faire le premier pas pour décrypter les gestes et les postures qui constituent le riche vocabulaire du corps.

Maintenant que nous avons posé les bases de notre exploration et que nous comprenons l'importance de ce langage corporel silencieux, il est temps d'entrer un peu plus dans les détails. Nous sommes sur le point d'embarquer pour un voyage où chaque geste, chaque posture a sa propre signification. Mais ne vous inquiétez pas, je serai à vos côtés pour vous guider pas à pas dans cet incroyable voyage.

Commençons par un geste assez courant : croiser les bras. Saviez-vous que ce simple geste peut avoir de multiples significations ? Oui, c'est vrai. Il peut s'agir d'un signe de défense, qui ferme notre zone la plus vulnérable - notre poitrine - à d'éventuelles attaques. Mais il peut aussi être un signe de colère ou de mécontentement, une barrière physique que nous mettons entre nous et une autre personne ou une autre situation.

Je vous invite à vous pencher sur les travaux de Desmond Morris, zoologiste et éthologue britannique connu pour ses études sur le comportement humain. Dans son livre "The Naked Ape" (1967), Morris a observé que le croisement des bras est l'une des postures défensives les plus courantes chez l'homme, analogue à la façon dont certains animaux grossissent pour dissuader leurs adversaires. Mais il nous met également en garde contre le fait de sortir ce geste de son contexte. S'il fait froid, par exemple, nous pouvons croiser les bras pour nous réchauffer, et non pour nous défendre.

Le contact visuel est un autre geste qui peut en dire long. Dans de nombreuses cultures, le maintien d'un contact visuel direct est un signe d'honnêteté et de confiance. Mais il peut aussi être perçu comme un signe d'agressivité ou de défi. À l'inverse, éviter le contact visuel peut être interprété comme de la timidité, de la soumission, voire de la malhonnêteté.

Albert Mehrabian, dans son livre "Silent Messages" (1971), explique que le contact visuel est d'une importance capitale dans la communication face à face. Selon lui, la quantité de contact visuel au cours d'une conversation indique le degré d'intérêt, d'attention et d'implication d'une personne. Cependant, un regard constant et fixe peut être perçu comme intimidant et agressif.

Le langage corporel est une forme de communication riche et complexe qui peut être aussi nuancée et précise que les mots que nous utilisons. Les exemples que nous avons évoqués jusqu'à présent ne sont que la partie émergée de l'iceberg. L'inclinaison de notre tête, la direction de nos pieds, la distance qui nous sépare des autres, tous ces éléments, et bien d'autres encore, constituent le vaste vocabulaire de notre corps.

Commencez-vous à vous rendre compte de tout ce que vous dites sans rien dire du tout ? Vous rendez-vous compte que chaque interaction que vous avez est pleine d'informations silencieuses qui flottent dans l'air, attendant d'être captées ? Et voyez-vous comment la prise de conscience de ces messages silencieux peut grandement améliorer vos compétences en matière de communication, vous permettant de vous connecter plus profondément et plus authentiquement avec les autres ?

Je vous promets que ce monde fascinant du langage corporel deviendra encore plus intriguant au fur et à mesure que nous l'approfondirons. Ensemble, nous découvrirons chaque geste, chaque posture, et nous en dégagerons la signification. Et croyez-moi, ce sera un voyage fascinant.

Intéressons-nous maintenant à l'un des gestes les plus complexes et les plus révélateurs : les expressions faciales.

Paul Ekman, psychologue américain et pionnier dans l'étude des émotions et de leurs corrélats faciaux, a montré qu'il existe certaines émotions universelles qui se reflètent sur nos visages, quelle que soit notre culture. Dans son ouvrage "Unmasking the Face" (1975), Ekman parle de sept émotions de base : la joie, la tristesse, la colère, le dégoût, la peur, la surprise et le mépris. Chacune de ces émotions se manifeste sur notre visage de manière spécifique et reconnaissable, même si nous essayons de les cacher.

Saviez-vous qu'il existe plus de dix-huit types de sourires différents ? Certains reflètent un véritable bonheur, tandis que d'autres peuvent cacher de la nervosité, de l'embarras, voire du sarcasme. Le sourire authentique, également appelé sourire de Duchenne, du nom du neurologue français qui l'a décrit pour la première fois, Guillaume Duchenne, implique non seulement les muscles autour de la bouche, mais aussi ceux autour des yeux. C'est une expression que l'on ne peut pas facilement simuler et qui peut en dire long sur ce que l'on ressent vraiment.

Je pourrais continuer longtemps, il y a tellement de gestes et de postures que nous pourrions analyser. Mais je ne veux pas vous submerger avec trop d'informations à la fois. N'oubliez pas que nous faisons ce voyage ensemble et que mon objectif est de vous faire apprécier chaque étape, chaque découverte.

De plus, il ne s'agit pas seulement de connaître tous ces gestes et leur signification. Il s'agit aussi d'apprendre à observer, à prêter attention aux détails, à s'imprégner des subtilités du langage corporel. Comme le disait Sherlock Holmes, le célèbre détective des histoires d'Arthur Conan Doyle, "voir n'est pas observer". Et c'est précisément ce que nous allons apprendre à faire : observer, déchiffrer, comprendre.

Je vous laisse sur cette idée. Le langage corporel est comme une danse, une danse silencieuse que nous exécutons tous, souvent sans même nous en rendre compte, mais c'est une danse qui en dit long sur nous, sur nos émotions, sur nos pensées, sur nos intentions. Mais c'est une danse qui en dit long sur nous, sur nos émotions, nos pensées, nos intentions. Ne trouvez-vous pas cela étonnant ? Ne trouvez-vous pas cela fascinant ?

N'hésitez pas à prendre un moment pour réfléchir à tout ce dont nous avons parlé jusqu'à présent. Vous voudrez peut-être commencer à prêter plus d'attention à vos propres gestes, à votre propre "danse". Vous vous rendrez peut-être compte que vous avez beaucoup plus de choses à dire que vous ne le pensiez.

Dans la prochaine section, nous plongerons encore plus profondément dans le monde merveilleux du langage corporel. Je vous promets que ce sera un voyage passionnant et enrichissant. Êtes-vous prêt à aller de l'avant ? Êtes-vous prêt à continuer à découvrir, à apprendre, à grandir ? Si la réponse est oui, je me réjouis de vous accueillir à bras ouverts pour la prochaine étape de notre aventure.

Mais d'abord, j'aimerais que vous fassiez une petite pause. Oui, je sais que vous êtes probablement impatients de continuer, mais comme dans tout voyage, il est important de prendre un peu de repos, de réfléchir à ce que nous avons appris jusqu'à présent et de nous préparer à ce qui nous attend. Vous voudrez peut-être regarder les gens autour de vous, et peut-être même vous-même, et essayer d'appliquer certains des concepts dont nous avons discuté jusqu'à présent. Vous serez surpris de voir tout ce que vous pouvez apprendre grâce à ce simple exercice.

Je vous promets qu'à notre retour, nous serons prêts à approfondir cette discipline fascinante qu'est le langage corporel. Nous verrons comment les gestes des mains, la posture et la proximité peuvent donner des indices sur ce que quelqu'un ressent et pense vraiment. Nous verrons comment le langage corporel peut vous aider à établir des relations plus solides et plus efficaces, tant sur le plan personnel que professionnel. Et surtout, nous apprendrons comment utiliser ce puissant outil pour améliorer votre vie.

Imaginez à quel point cela peut être utile. Pensez au nombre de fois où vous vous êtes trouvé dans une situation où vous n'étiez pas sûr de ce que l'autre personne ressentait vraiment. Ou combien de fois avez-vous eu l'impression que quelqu'un vous disait une chose, alors que son corps semblait communiquer quelque chose de totalement différent. Grâce aux compétences que nous allons acquérir, vous n'aurez plus jamais à deviner. Vous serez capable de lire les gens comme s'ils étaient un livre ouvert, ce qui vous permettra de communiquer de manière plus efficace et plus authentique.

Le prochain chapitre est comme un coffre au trésor rempli de précieux joyaux de connaissance, qui attendent d'être découverts. Ensemble, ouvrons ce coffre et dévoilons ses secrets. Êtes-vous enthousiaste ? Oui, et j'ai hâte de poursuivre ce voyage avec vous.

Au fur et à mesure que vous avancerez, chaque page vous fera faire un pas de plus sur la voie d'une meilleure compréhension et d'une plus grande prise de conscience. Chaque chapitre est une nouvelle porte qui s'ouvre sur un univers de possibilités. Car c'est ce que cette connaissance vous apportera : des possibilités. Des possibilités d'entrer en contact avec les autres à un niveau plus profond, de comprendre et d'être compris, de grandir et d'apprendre.

Alors, êtes-vous prêt à aller de l'avant, à ouvrir la prochaine porte et à voir ce qu'il y a de l'autre côté ? Si la réponse est oui, respirez, souriez et préparez-vous au voyage passionnant qui vous attend dans le prochain chapitre. Je suis sûr que ce sera une expérience enrichissante et transformatrice. Au plaisir de vous y retrouver.

Chapitre 3 : La danse des regards : le sens caché des yeux".

Les yeux, cher lecteur, ne sont pas de simples récepteurs de lumière, de formes et de couleurs, mais les porteurs d'un langage ancien et riche en nuances, un langage que nous parlons et comprenons tous, même si ce n'est pas toujours conscient. Réfléchissons un instant : combien de fois avez-vous senti que quelqu'un vous regardait, même sans vous voir directement ? Combien de fois avez-vous "lu" dans les yeux de quelqu'un de la joie, de la tristesse, de la surprise ou du mécontentement ?

Le regard est l'une des formes de communication les plus primitives et les plus puissantes. Avant de pouvoir parler, nous utilisions nos yeux pour communiquer et, malgré tous les mots dont nous disposons aujourd'hui, le regard reste l'un des moyens les plus puissants de transmettre des messages et des émotions.

Vous êtes-vous déjà arrêté pour réfléchir à tout ce que vous pouvez dire avec un simple regard ? Il peut exprimer l'amour, la haine, la méfiance, la surprise, la peur, l'intérêt, la confusion et une multitude d'autres sentiments et émotions. Il peut inviter ou rejeter, rassurer ou déstabiliser, relier ou éloigner. Et le plus merveilleux dans tout cela, c'est que nous n'avons pas besoin de mots pour le faire.

Dans son livre "Emotional Intelligence" (1995), le psychologue Daniel Goleman affirme que notre capacité à lire les émotions dans les yeux des autres est une compétence cruciale pour l'empathie et la compréhension sociale. Mais vous êtes-vous déjà demandé comment nous pouvions faire cela ? Comment pouvions-nous voir autant de choses dans les yeux des autres ?

La réponse à cette question, cher lecteur, est à la fois fascinante et complexe. Elle est en partie due à notre capacité à percevoir et à reconnaître des schémas. Notre cerveau est incroyablement doué pour cela, et nous avons évolué pour reconnaître des schémas particuliers associés à différentes émotions dans les yeux des autres.

Par exemple, lorsqu'une personne est heureuse, ses yeux peuvent briller ou paraître plus ouverts. Lorsqu'elle est triste, ses yeux peuvent paraître ternes ou vitreux. Lorsqu'elle est en colère, ses sourcils peuvent se froncer et ses yeux se rétrécir. Il s'agit de schémas que nous avons appris à reconnaître et à associer à certaines émotions.

En outre, les yeux sont également un élément crucial de notre communication non verbale, car ils nous aident à réguler le flux de la conversation. Avez-vous remarqué que, lors d'une conversation, nous avons tendance à regarder l'autre personne lorsque nous l'écoutons, mais que nous avons tendance à détourner le regard lorsque nous parlons ? C'est une façon non verbale de dire "je te prête attention" et "maintenant c'est à moi de parler".

Bien entendu, l'interprétation du regard peut varier d'une culture à l'autre et il est essentiel de tenir compte de ce facteur lorsque l'on tente de déchiffrer le sens caché dans les yeux. Cependant, en général, on peut dire que le regard est un outil puissant de communication non verbale.

Là où les mots manquent, les yeux parlent. Il est donc essentiel de comprendre la "danse du regard" pour décoder le silence.

Le célèbre anthropologue Edward T. Hall, dans son livre révolutionnaire "The Hidden Dimension" (1966), a introduit le terme "proxémique" pour désigner la façon dont nous utilisons l'espace dans la communication. Saviez-vous, cher lecteur, que nos zones d'espace personnel se reflètent également dans notre apparence ? Pensez-y : lorsque quelqu'un envahit votre espace personnel, l'une des premières choses que vous faites est de croiser son regard, n'est-ce pas ? Ce regard peut exprimer la surprise, la gêne ou même l'agressivité, selon la situation.

C'est fascinant, vous ne trouvez pas ? Chaque regard est un dialogue en soi, sans mots prononcés mais avec une profondeur et une signification tout aussi profondes. Il nous permet souvent de pénétrer directement dans l'âme de la personne qui regarde, en nous laissant entrevoir ses pensées et ses émotions les plus intimes.

Pensez maintenant aux yeux comme à un miroir. Avez-vous entendu le vieil adage selon lequel "les yeux sont le miroir de l'âme" ? Il s'avère que ce dicton a un fondement scientifique. Une étude menée par le psychologue Robert Levenson à l'université de Californie à Berkeley en 2007 a révélé que les gens peuvent détecter les émotions des autres simplement en les regardant dans les yeux.

D'autre part, certains psychologues et psychiatres utilisent le regard d'une personne pour aider à diagnostiquer certains troubles. Par exemple, des pupilles dilatées peuvent indiquer de l'excitation ou de l'intérêt, tandis qu'un évitement constant du contact visuel peut indiquer de la timidité ou de l'anxiété sociale. Mais n'oubliez pas, cher lecteur, qu'il ne s'agit pas d'une science exacte et qu'il y a toujours de multiples facteurs en jeu.

Mais il ne s'agit pas seulement de ce que nous voyons dans les yeux des autres. Il s'agit aussi de la manière dont nous utilisons notre propre regard pour communiquer. Un regard soutenu peut être un signe de confiance et d'honnêteté, tandis que détourner le regard peut indiquer un malaise ou de la malhonnêteté. Mais là encore, il n'y a pas de règles fixes. La culture, la personnalité et le contexte jouent un rôle crucial dans la manière dont nous interprétons et utilisons le regard.

Vous êtes-vous déjà demandé combien de temps il était approprié de maintenir le contact visuel ? Cette question peut s'avérer délicate, car elle varie en fonction de la culture et de la situation. En général, un contact visuel prolongé peut être interprété comme agressif ou dominant, tandis qu'un contact visuel bref ou évité peut être interprété comme soumis ou désintéressé. Mais trouver le bon équilibre est la clé d'une communication efficace.

En fait, le psychologue britannique Michael Argyle, dans son livre "The Behaviour of Human Communication" (1988), souligne que le contact visuel constant au cours d'une conversation est rare, et qu'il n'est généralement maintenu qu'environ 60 à 70 % du temps au cours d'une conversation normale. Curieux, n'est-ce pas ?

Mais que se passe-t-il lorsque nous faisons entrer la danse des regards dans le domaine de l'intimité et du romantisme ? Je suis sûre que vous connaissez l'idée du "regard amoureux". Il s'agit d'une manifestation unique d'émotions qui révèle l'attirance, le désir et l'adoration. Scientifiquement, il a été prouvé que lorsque deux personnes se regardent dans les yeux pendant un certain temps, elles peuvent ressentir un lien intense. Il a même été suggéré que cet exercice pouvait favoriser l'amour entre deux personnes.

Je me souviens d'une étude menée par le psychologue Arthur Aron en 1997, dans laquelle des couples d'inconnus se regardaient dans les yeux pendant quatre minutes d'affilée. Résultat ? Ces couples ont déclaré se sentir beaucoup plus proches et plus intimes après l'expérience. Certains sont même tombés amoureux et ont noué des relations durables. Fascinant, non ?

Pensez également aux gestes subtils qui accompagnent un regard. Un clin d'œil, par exemple, peut être synonyme de complicité ou de flirt, mais dans d'autres contextes, il peut s'agir d'un signe d'accord ou de compréhension. Mais dans d'autres contextes, il peut être un signe d'accord ou de compréhension. Qu'en est-il d'un clignement rapide et répété des yeux ? Il peut être un signe de stress ou d'inconfort.

En revanche, avez-vous déjà remarqué que les gens dilatent leurs pupilles lorsqu'ils s'intéressent à quelque chose... ou à quelqu'un ? Ce n'est pas un mythe. La dilatation des pupilles est une réponse automatique à l'excitation ou à l'intérêt, et c'est l'une des rares réactions de notre visage que nous ne pouvons pas contrôler consciemment. Par conséquent, si vous avez un rendez-vous et que vous remarquez que les pupilles de votre partenaire se dilatent, c'est peut-être le signe que vous lui plaisez.

Mais revenons à la danse des regards sur une scène plus large. N'oubliez pas, cher lecteur, que le regard peut aussi être utilisé comme un outil de pouvoir. En politique, les dirigeants utilisent souvent leur regard pour projeter leur autorité et leur confiance. Dans ce cas, un contact visuel prolongé peut être interprété comme un signe de force.

En prenant conscience de tout cela, on comprend mieux l'importance d'interpréter correctement les regards. Non seulement pour déchiffrer les messages que les autres nous envoient, mais aussi pour savoir comment utiliser efficacement notre propre regard. Et même si nous ne sommes pas conscients de toutes les nuances de cette danse silencieuse, notre subconscient l'observe et l'analyse en permanence.

Le regard a le pouvoir de connecter et de déconnecter, d'inviter et de rejeter, de réconforter et de menacer. C'est la porte d'accès à nos émotions les plus profondes, un langage sans mots qui, lorsqu'il est bien compris, peut dévoiler les secrets les plus profonds de la communication humaine. Mais n'oubliez pas, cher lecteur, que comme toute forme de communication, la danse des regards est à double sens. Pendant que vous interprétez les regards des autres, les autres interprètent les vôtres. À quoi ressemblera votre danse des regards ?

Car, mon ami, notre danse des regards est en fait une danse complexe de perceptions et d'émotions, un tango silencieux que nous pratiquons tous sans même en être conscients. Et s'il est vrai que nombre de nos réponses oculaires sont automatiques et souvent honnêtes, il est également vrai que nous pouvons apprendre à en être plus conscients, à mieux gérer nos signaux et à lire ceux des autres avec plus de précision.

Tout au long de ce chapitre, nous avons exploré ensemble l'importance et le pouvoir du regard dans notre communication quotidienne. Nous avons découvert que nos regards peuvent révéler des vérités que nos mots cachent parfois. Nous avons appris que le regard est un moyen d'établir un lien émotionnel avec les autres, qu'il peut tout transmettre, de la tendresse la plus douce à la menace la plus vive.

Vous avez également appris que chaque regard peut être un microcosme d'émotions et qu'en apprenant à lire les regards des autres, vous pouvez devenir un meilleur communicateur, une personne plus consciente et, en fin de compte, une personne plus connectée à ceux qui vous entourent. N'est-ce pas fascinant, cher lecteur ?

Mais vous savez ce qui est encore plus fascinant ? Ce n'est que le début. Nous avons parcouru beaucoup de terrain, certes, mais il nous reste encore beaucoup à apprendre. Notre voyage dans le monde fascinant du langage non verbal ne fait que commencer.

Soyez fier de ce que vous avez appris jusqu'à présent. Vous avez acquis des connaissances que la plupart des gens ignorent. Mais ne vous arrêtez pas là. Le prochain chapitre nous emmènera plus loin dans la jungle inexplorée de la communication non verbale.

J'anticipe pour vous, cher ami, que notre prochaine rencontre portera sur les pauses et le silence dans la conversation.

Pensez-y, combien de fois le silence a-t-il parlé plus fort que les mots, combien de fois les pauses ont-elles parlé plus fort qu'un torrent de phrases ? Oh oui, mon ami, le silence et les pauses peuvent être incroyablement puissants.

Je vous invite à me suivre sur ce chemin de la découverte et de la compréhension. Je vous promets que chaque pas que vous ferez sur ce chemin vous rapprochera de la maîtrise de la communication non verbale. Et ce n'est pas tout. Chaque pas vous rapprochera de la compréhension des gens qui vous entourent, et peut-être, juste peut-être, de la compréhension d'un peu plus de vous-même. N'est-ce pas excitant ? Ne sentez-vous pas l'impatience ? Ne sentez-vous pas l'étincelle de la curiosité ? Excellent ! Car c'est l'esprit d'un véritable apprenant. À bientôt dans le prochain chapitre, mon ami.

Chapitre 4 : Nuances du silence : interpréter les pauses et les silences dans la conversation

Bienvenue, cher lecteur. Ou, devrais-je dire, bienvenue dans le silence. Au silence qui parle. Nous voici aux portes de l'un des concepts les plus fascinants, mais aussi les plus sous-estimés de la communication humaine. Oui, aujourd'hui, nous allons explorer ensemble les profondeurs du silence, les pauses dans la conversation, et la façon dont ces éléments subtils et souvent négligés peuvent contenir une mine d'informations et de sens.

Imaginez que vous êtes en train de discuter avec un ami. Vous lui posez une question et, au lieu de répondre immédiatement, il reste silencieux. Comment vous sentiriez-vous ? Seriez-vous anxieux ? Ou peut-être vous sentiriez-vous frustré, confus ou même agacé ? Maintenant, réfléchissez à la raison pour laquelle un tel silence provoquerait de tels sentiments chez vous.

Cela nous amène à la question essentielle : pourquoi est-il si important de comprendre les pauses et les silences dans une conversation ?

Car, mon ami, en conversation comme en musique, le silence n'est pas l'absence de son, mais un élément essentiel de la composition. En effet, les pauses et les silences dans une conversation peuvent être aussi révélateurs, sinon plus, que les mots eux-mêmes. Ils peuvent indiquer une réflexion, un doute, un malaise, un désaccord et toute une série d'émotions et de pensées que les mots ne parviennent pas toujours à exprimer.

Le silence peut être un outil puissant dans nos interactions quotidiennes, mais il peut aussi être un mystère. Il peut être un signe de respect, de contemplation, de tension ou même de mécontentement. Il peut être plus éloquent que n'importe quel mot prononcé à haute voix. N'est-il donc pas essentiel d'apprendre à interpréter ces nuances du silence ?

Prenons l'exemple d'une situation que beaucoup d'entre nous ont vécue : vous êtes-vous déjà retrouvé dans une discussion animée et, soudain, l'autre personne s'est tue ? Qu'avez-vous ressenti ? Perplexe ? Frustré ? Triomphant, même ? Et si je vous disais que ce silence peut avoir plusieurs interprétations ? Et si cette personne avait simplement besoin d'un moment pour rassembler ses idées ? Ou si elle essayait de se calmer pour éviter de dire quelque chose qu'elle pourrait regretter plus tard ? Ou, au contraire, si elle était tellement en colère qu'elle a décidé que cela ne valait plus la peine de se disputer avec vous ?

Osez plonger dans l'océan profond du silence et en ressortir avec une meilleure compréhension de vous-même et des autres ! Parce que lorsque vous maîtrisez l'art d'interpréter les pauses et le silence, vous pouvez devenir un meilleur communicateur, un meilleur auditeur, un meilleur ami, un meilleur leader, un meilleur être humain. Êtes-vous prêt à relever le défi ?

Maintenant que nous connaissons la pertinence de ce concept énigmatique, approfondissons un peu le sujet. En effet, il ne suffit pas de reconnaître l'importance d'une chose, il faut la comprendre dans sa globalité pour l'utiliser efficacement.

Le célèbre psychologue Albert Mehrabian, dans son livre "Silent Messages" (1971), nous a présenté une réalité surprenante : seuls 7% de la communication se font par les mots, tandis que le reste dépend d'éléments non verbaux, parmi lesquels se trouve notre objet d'étude : le silence.

Cela dit, tous les silences ne sont pas identiques et ne transmettent pas tous le même message. Comme le langage verbal, le silence a son propre "vocabulaire" et sa propre "grammaire", et comme toujours, c'est à nous d'en démêler le sens. Vous souvenez-vous de la fois où je vous ai parlé d'une conversation avec un ami qui reste silencieux après que vous lui ayez posé une question ? C'est ce que je voulais dire. Mais comment savoir ce que signifie ce silence ?

Le sociologue américain Erving Goffman, dans son ouvrage "Forms of Talk" (1981), fournit une explication convaincante sur la manière d'interpréter les silences dans les interactions humaines. Selon Goffman, il est nécessaire de prendre en compte à la fois le contexte de la conversation et la relation entre les interlocuteurs afin d'interpréter correctement le silence.

Par exemple, un silence prolongé après une question peut indiquer que la personne réfléchit à sa réponse. En revanche, si ce silence intervient au milieu d'une discussion animée, il peut être le signe d'une frustration ou d'un mécontentement. C'est vrai, même le silence a ses nuances et c'est à nous d'apprendre à les décoder.

Ne vous inquiétez pas, vous n'êtes pas seul dans ce cas. Ensemble, nous allons percer les mystères de ce sujet fascinant. Maintenant que nous avons posé les bases et pris conscience de l'importance et de la complexité du silence, il est temps d'entrer dans les détails. Êtes-vous prêt ?

Continuons donc, cher ami, à décrypter ces nuances silencieuses, à percer le mystère du non-dit. Pour ce faire, nous nous concentrerons sur trois grands types de silences : le silence réfléchi, le silence gênant et le silence stratégique. Dans chacun d'eux, nous trouverons différents messages et différentes manières de les interpréter.

Le silence réfléchi est le silence qui se produit lorsque la personne à qui vous parlez a besoin de temps pour réfléchir à ce que vous venez de dire. C'est le genre de silence que nous avons mentionné précédemment, le genre de silence que l'on prend après avoir posé une question. Ce silence, loin d'être un problème, peut être un grand allié, un compagnon sur le chemin de la compréhension.

Imaginez, par exemple, que vous fassiez part à votre patron d'une nouvelle idée pour le projet sur lequel vous travaillez. Après avoir présenté votre proposition, votre patron se tait. Dans un premier temps, ce silence peut sembler effrayant : l'idée lui plaît-elle, envisage-t-il de vous licencier ? En réalité, il est peut-être simplement en train de réfléchir à votre proposition. Ce type de silence est un signe de respect et de considération, un signe que l'autre personne apprécie ce que vous venez de dire.

D'autre part, il y a le silence gênant. Cela se produit dans des situations tendues ou difficiles, lorsque les mots semblent rester bloqués dans la gorge. Peut-être vous souvenez-vous d'un moment où vous vous êtes trouvé dans une telle situation, n'est-ce pas ? Dans The Art of Silence (2014), Amber

Hatch nous rappelle que ce type de silence, bien qu'inconfortable, peut être une source d'apprentissage, une occasion de grandir.

Enfin, il y a le silence stratégique. Dans son livre "Silence : The Power of Quiet in a World Full of Noise" (2015), Thich Nhat Hanh présente le silence comme un outil puissant pour améliorer notre communication. Parfois, ne rien dire en dit bien plus que n'importe quel mot.

Et nous voilà, cher lecteur, entrés dans le labyrinthe complexe du silence, dévoilant ses secrets et reconnaissant son pouvoir. N'oubliez pas que chaque silence a sa signification et que sa compréhension est le premier pas vers la maîtrise de l'art de la communication non verbale. Êtes-vous prêt à poursuivre ce voyage passionnant ? Je vous promets que nous avons encore bien des surprises à découvrir.

Nous continuons, cher ami et lecteur, à plonger encore plus profondément dans l'océan des silences. Nous avons découvert ensemble que les silences ont leurs propres nuances et significations, et qu'ils constituent un outil puissant dans notre boîte à outils de communication.

Le silence réfléchi, cet ami qui vous donne le temps de penser, de traiter, de vraiment comprendre. Le silence inconfortable, qui nous en apprend souvent plus sur nous-mêmes et sur les autres que n'importe quelle conversation. Et le silence stratégique, qui peut être un allié puissant lorsqu'il est utilisé correctement.

Si vous pensez à toutes les conversations que vous avez eues, vous vous rendrez compte que chacune d'entre elles a été ponctuée par ces silences. Mais vous êtes-vous déjà demandé comment les gérer ? Dans "Le pouvoir du silence dans la communication" (2016), Joe Navarro propose une série de stratégies pour gérer efficacement le silence. Des stratégies que nous allons apprendre ensemble dans le prochain chapitre.

De ce chapitre, vous retirez non seulement la conscience que les silences sont porteurs de messages, mais aussi la capacité de commencer à les déchiffrer. Ce n'est pas un art facile, mais je vous promets qu'il vaut la peine d'être maîtrisé. Le chemin que vous avez choisi en lisant ce livre n'est pas le plus facile, mais c'est celui qui vous donnera les outils les plus précieux.

Et alors que nous clôturons ce chapitre, une nouvelle aventure nous attend. Saviez-vous que vos mains peuvent parler autant que votre bouche ? Oui, cher lecteur, nos mains sont de véritables conteurs d'histoires, qui racontent nos moindres émotions sans avoir besoin d'un seul mot. C'est ce que nous allons explorer dans notre prochain chapitre : "Les mains parlent : expressions et émotions dans nos extrémités". Je suis impatiente d'entreprendre ce voyage avec vous. Êtes-vous prêts ? Parce que je vous promets que ce voyage changera votre façon de voir le monde qui vous entoure.

Nous voici à la fin de ce chapitre, mais pas à la fin de notre voyage. Nous continuons à avancer, mon ami, les yeux ouverts, en apprenant à lire les subtilités du silence. Merci de m'avoir accompagné dans ce voyage. Je vous promets que nous avons encore bien des surprises à découvrir. Rendez-vous au prochain chapitre, où nos mains seront à l'honneur.

Chapitre 5 : Les mains parlent : expressions et émotions dans nos membres

Je vous salue à nouveau, chers lecteurs et amis ! J'espère que vous êtes aussi enthousiaste que moi à l'idée de plonger dans ce nouveau chapitre de notre aventure commune. Aujourd'hui, nous allons nous pencher sur un aspect souvent négligé du langage corporel : le rôle de nos mains.

Maintenant, je voudrais que vous vous arrêtiez un instant et que vous réfléchissiez à l'adresse suivante : .... Combien de fois par jour utilisez-vous vos mains ? Au moment même où vous lisez ces mots, vos mains sont probablement occupées, peut-être à tenir ce livre ou à faire défiler l'écran de votre appareil. Chaque jour, nos mains accomplissent une multitude de tâches que nous tenons souvent pour acquises, des plus banales, comme ouvrir une porte, aux plus complexes, comme écrire ou jouer d'un instrument.

Mais nos mains ne sont pas seulement occupées à des tâches physiques. Avez-vous déjà remarqué vos gestes lorsque vous parlez, même si personne ne vous regarde, ou comment vos mains s'entrecroisent nerveusement lors d'un entretien d'embauche ou d'un rendez-vous galant ? Comme nous le verrons dans ce chapitre, nos mains sont incroyablement expressives, capables de transmettre toute une gamme d'émotions et de signaux qui complètent souvent, et parfois contredisent, nos paroles.

En fait, comme l'a souligné Desmond Morris dans "Manwatching : A Field Guide to Human Behaviour" (1977), nos mains sont l'une des parties les plus "loquaces" de notre corps. Les gestes des mains peuvent indiquer l'intérêt, le désintérêt, la sincérité, la tromperie, le confort, l'anxiété et bien d'autres choses encore. Par conséquent, apprendre à déchiffrer le langage des mains peut grandement enrichir notre capacité à comprendre les autres, ainsi que nous-mêmes.

Par ailleurs, j'aimerais que vous réfléchissiez à quelque chose : vous êtes-vous déjà demandé pourquoi les hommes politiques et les orateurs semblent accorder autant d'attention à ce qu'ils font avec leurs mains pendant qu'ils parlent ? Pourquoi utilisent-ils certains gestes et en évitent-ils d'autres ? Je vais vous donner un indice : ce n'est pas une coïncidence. Comme vous le découvrirez dans ce chapitre, l'utilisation efficace des gestes de la main peut être un élément clé de la persuasion et de l'influence. Un aspect qui est exploré en profondeur dans The Silent Language of Leaders : How Body Language Can Help - or Hurt - How You Lead (2011) de Carol Kinsey Goman.

Enfin, avant de nous plonger dans ce sujet fascinant, j'aimerais partager avec vous une anecdote personnelle. En tant qu'écrivain, je compte beaucoup sur mes mains pour communiquer. Mais il y a quelques années, je me suis cassé le poignet et je me suis retrouvé avec une main temporairement inutilisable. Je ne peux pas vous dire à quel point j'ai été surprise de réaliser à quel point je dépendais de mes mains, non seulement pour écrire, mais aussi pour m'exprimer. Depuis, j'apprécie particulièrement l'incroyable pouvoir de communication qui réside dans nos mains.

Alors, mon ami, es-tu prêt à t'embarquer dans ce nouveau voyage de découverte ? Je te promets que ce sera un voyage fascinant, plein d'observations et de découvertes qui changeront à jamais la façon dont tu perçois et utilises tes mains. Allons plus loin, regardons de plus près ce que les mains peuvent nous révéler.

Vous vous souvenez de Desmond Morris, dont j'ai mentionné les travaux précédemment ? Il pensait que nos gestes étaient un "écho de notre passé évolutif", un miroir de notre histoire commune en tant qu'espèce. En fait, les gestes sont une forme de communication aussi ancienne que l'humanité elle-même. Pensez un instant aux anciens chasseurs-cueilleurs. Avant l'avènement du langage parlé, ils s'appuyaient fortement sur des indices visuels et des gestes pour communiquer entre eux. Et quelle partie de notre corps est plus visible et plus souple que nos mains ?

Suivant cette ligne de pensée, l'anthropologue David Givens, dans son ouvrage "Your Body at Work : Sight-reading the Body Language of Business Bosses" (2010), décrit comment nos gestes manuels modernes peuvent être retracés jusqu'à nos anciens ancêtres. Par exemple, le geste de pointer du doigt est probablement né de notre passé de chasseur-cueilleur, lorsque pointer du doigt pouvait indiquer la direction d'une proie ou d'un danger.

Mais nos ancêtres ne sont pas les seuls à communiquer par des gestes. Les enfants, avant d'apprendre à parler, utilisent également leurs mains pour exprimer leurs besoins et leurs émotions. Pensez à un bébé qui lève les bras pour demander qu'on le prenne dans ses bras, ou à un bambin qui s'accroche à son jouet préféré pour en exprimer la propriété.

Même dans notre société moderne dominée par la technologie, les gestes des mains restent un élément essentiel de notre communication. En fait, si vous avez déjà eu une conversation par vidéoconférence, vous savez que les gestes des mains peuvent être tout aussi expressifs, sinon plus, que les mots que nous prononçons.

Aujourd'hui, les experts en langage corporel, comme Joe Navarro dans son livre "What Every Body is Saying : An Ex-FBI Agent's Guide to Speed-reading People" (2008), ont répertorié des centaines de gestes de la main et leur signification. Du célèbre pouce levé, qui indique généralement une approbation ou un accord, à des gestes plus subtils, comme se frotter les mains l'une contre l'autre, qui peuvent indiquer l'attente ou la nervosité.

Mais avant de vous laisser submerger, laissez-moi vous assurer qu'il n'est pas nécessaire d'apprendre par cœur un dictionnaire de gestes. Comme vous l'apprendrez dans ce chapitre, la compréhension du langage des mains relève plus de l'art que de la science, et nécessite de l'observation, de l'intuition et, bien sûr, quelques connaissances.

Alors que nous avançons dans notre voyage, je veux que vous vous rappeliez que chaque geste manuel est comme une pièce d'un puzzle. En soi, il ne nous dit peut-être pas grand-chose. Mais lorsque nous le plaçons à côté des autres pièces - le contexte de la situation, les expressions faciales, la posture du corps, les mots prononcés - une image beaucoup plus complète commence à émerger.

Alors, cher ami, es-tu prêt à prendre ta loupe et à me rejoindre dans ce voyage de découverte ? J'espère que oui, car nous allons maintenant plonger dans le monde fascinant des gestes de la main et explorer quelques-uns des plus courants et leurs interprétations possibles.

Mais d'abord, un petit conseil. Tout comme dans la dégustation des vins, dans l'observation des gestes de la main, il faut aussi faire attention aux "nuances". Un geste peut avoir une signification dans un contexte et une signification complètement différente dans un autre. Et, comme un bon dégustateur, avec le temps, votre capacité à percevoir ces nuances s'affinera.

L'un des gestes les plus courants que vous avez probablement vu est le fameux "OK" - un cercle formé par le pouce et l'index, les autres doigts étant tendus. Dans la plupart des contextes occidentaux, ce geste indique l'approbation ou l'accord. Mais saviez-vous que dans certains pays, ce geste peut être offensant ? D'où l'importance du contexte.

Un geste plus subtil mais non moins révélateur est celui qui consiste à se toucher ou à se frotter le cou. Selon Barbara Pease et Allan Pease dans "The Definitive Book of Body Language" (2004), ce geste peut indiquer qu'une personne est mal à l'aise, anxieuse ou même craintive. C'est comme si notre cerveau primitif essayait de "protéger" notre cou, une zone très vulnérable de notre corps.

Un autre geste que vous avez peut-être remarqué est celui d'une personne qui entrelace ses doigts et tend ses pouces vers le haut. Dans "Body Language : How to Read Others' Thoughts by Their Gestures" (1984), Allan Pease décrit ce geste comme un signe que quelqu'un essaie de contrôler sa négativité ou son impatience. Le pouce levé est comme une "façade" de positivité, tandis que les doigts croisés révèlent un besoin de retenue.

J'aimerais que vous vous arrêtiez un instant et que vous réfléchissiez à ces gestes. Vous pourriez même vouloir les essayer vous-même - comment vous sentez-vous lorsque vous les faites ? Pouvez-vous vous souvenir de moments où vous ou quelqu'un d'autre a utilisé ces gestes ?

Et pendant que vous y réfléchissez, permettez-moi de vous raconter une autre anecdote personnelle. Il y a quelques années, au cours d'une conversation avec un ami, j'ai remarqué que chaque fois qu'il parlait de son travail, il mettait ses mains dans ses poches. Au début, j'ai pensé qu'il s'agissait d'une simple habitude. Mais en y prêtant plus d'attention, je me suis rendu compte que ce geste correspondait à son langage verbal et à son ton de voix, qui devenait de moins en moins assuré. Lorsque j'ai finalement eu l'occasion de l'interroger à ce sujet, il a admis qu'il rencontrait des difficultés dans son travail et qu'il se sentait mal à l'aise pour en parler. Ce fut pour moi une véritable révélation sur le pouvoir des gestes de la main pour communiquer des émotions profondes, même lorsque nos mots tentent de les dissimuler.

Alors, cher lecteur, que diriez-vous de poursuivre cette exploration dans la prochaine section ? Je vous promets que d'autres joyaux de sagesse vous attendent dans notre voyage à travers le langage corporel des mains.

En suivant notre piste d'indices silencieux, nous avons trouvé un autre geste intriguant : celui de se couvrir la bouche. Selon le Dr Desmond Morris dans "Peoplewatching : The Desmond

Morris Guide to Body Language" (2002), ce geste peut indiquer que quelqu'un étouffe la communication, comme s'il essayait littéralement de "couvrir" ses mots. Et voici un petit conseil supplémentaire pour vous, cher lecteur : si vous voyez ce geste associé à des yeux qui évitent le contact visuel, il peut s'agir d'une tentative de cacher la vérité.

Je me demande maintenant si vous vous souvenez d'avoir déjà utilisé ce geste ou de l'avoir vu sur quelqu'un d'autre. Parfois, ces gestes peuvent passer inaperçus, comme un murmure discret au milieu du bruit de nos interactions quotidiennes. Mais lorsque vous commencez à y prêter attention, c'est comme si un tout nouveau monde s'ouvrait devant vous.

Un autre geste que je souhaite partager avec vous est celui des paumes ouvertes. Lorsque quelqu'un montre ses paumes, c'est généralement un signe de sincérité et d'ouverture. Les paumes ouvertes semblent dire : "Je suis ouvert à toi, tu peux me faire confiance". Mais avez-vous remarqué que toutes les paumes ouvertes ne sont pas identiques ? Selon Joe Navarro dans "What Every Body is Saying : An Ex-FBI Agent's Guide to Speed-Reading People" (2008), une paume légèrement tournée vers le haut peut être un signe de soumission, tandis qu'une paume tournée vers le bas peut indiquer la domination. Fascinant, non ?

Nous voici arrivés à la fin de notre voyage dans le langage des mains. Mais, comme vous l'avez peut-être deviné, ce n'est que la partie émergée de l'iceberg. Il existe un nombre infini de gestes et de nuances à découvrir et, ce qui est le plus passionnant, c'est que vous avez le pouvoir de les découvrir par vous-même.

Avez-vous remarqué à quel point cette information est utile ? Avez-vous remarqué à quel point une meilleure compréhension du langage des mains peut enrichir vos interactions, vous permettant de communiquer plus efficacement et de mieux comprendre les autres ? Et ce n'est que le début, cher lecteur.

Maintenant que nous avons exploré l'éloquence de nos mains, êtes-vous prêt à relever un nouveau défi ? Dans le prochain chapitre, nous plongerons dans le monde fascinant des micro-expressions, ces expressions rapides et fugaces qui, comme des éclairs de lumière, peuvent révéler des vérités cachées en une fraction de seconde. Préparez-vous à découvrir le pouvoir de la vérité cachée en une fraction de seconde.

Alors, êtes-vous prêt à aller de l'avant et à en découvrir davantage sur la danse complexe du langage corporel ? N'oubliez pas que la connaissance est un pouvoir et qu'à chaque page que vous lisez, vous vous donnez les moyens de mieux communiquer et, en fin de compte, de mieux comprendre la riche tapisserie de l'interaction humaine. À bientôt dans le prochain chapitre, cher ami.

Chapitre 6 : Déchiffrer les micro-expressions : La vérité cachée en une fraction de seconde

Entrez, cher lecteur, dans la lentille de ce grand microscope qui nous permettra d'observer l'infiniment petit, mais significativement révélateur. Avez-vous déjà entendu parler des micro-expressions ? Peut-être ce terme vous est-il familier, ou peut-être est-il sur le point d'ouvrir un tout nouveau monde. Quoi qu'il en soit, préparez-vous à une véritable révolution dans votre façon de comprendre les interactions humaines.

Les micro-expressions sont ces expressions faciales fugaces, si brèves que vous les manquez en clignant des yeux. Elles apparaissent et disparaissent en moins d'une demi-seconde, si rapidement que parfois même la personne qui les émet n'en est pas consciente. Mais, oh, la vérité qu'elles peuvent révéler.... C'est comme si nous avions accès à un éclair d'authenticité au milieu d'une tempête de mots et de gestes !

Pourquoi les micro-expressions sont-elles si importantes ? Imaginez un instant que vous êtes en train de discuter avec quelqu'un. Cette personne vous dit qu'elle va parfaitement bien, mais pendant une fraction de seconde, son visage affiche une expression de tristesse. Bingo ! Vous venez d'être témoin d'une micro-expression, d'une petite faille dans l'armure des mots, d'une fenêtre momentanée sur les véritables sentiments de la personne.

Paul Ekman, psychologue et expert en langage corporel, auteur de "Emotions Revealed : Recognizing Faces and Feelings to Improve Communication and Emotional Life"

(2003), a consacré une grande partie de sa vie à l'étude de ces micro-expressions. Selon Ekman, ces expressions ultra-rapides sont universelles, c'est-à-dire qu'elles se manifestent de la même manière dans toutes les cultures du monde, et constituent une réponse émotionnelle authentique qui se produit souvent avant que la personne n'ait le temps de contrôler ou de dissimuler son véritable sentiment.

Vous rendez-vous compte à quel point cette compétence est précieuse ? En étant capable d'identifier les micro-expressions, vous pourrez non seulement mieux comprendre les autres, mais aussi explorer les profondeurs de vos propres émotions. Et qui sait ? Peut-être cela vous permettra-t-il même de repérer une petite incongruité lors d'une négociation cruciale ou d'un premier rendez-vous.

Mais attention, il ne faut pas aller trop vite. Même si les micro-expressions semblent être un concept simple, il faut un œil exercé et un esprit vif pour les détecter. Êtes-vous prêt à relever ce défi ? Êtes-vous prêt à plonger dans le monde fascinant des micro-expressions et à découvrir les vérités cachées en une fraction de seconde ? N'oubliez pas, mon ami, que chaque pas que vous faites sur ce chemin vous rapproche non seulement de la compréhension des autres, mais aussi d'une meilleure compréhension de vous-même.

Et si nous nous mettions au travail et commencions à découvrir comment identifier ces micro-expressions ? Et si nous faisions ensemble le premier pas dans cette aventure passionnante ?

Vous êtes intrigué, n'est-ce pas ? Oui, je comprends. Les micro-expressions sont un concept vraiment fascinant. Tout comme les archéologues déchiffrent les hiéroglyphes anciens pour comprendre les civilisations disparues, nous pouvons, en comprenant ces expressions fugaces, percer les secrets les plus profonds de l'âme humaine.

Pour découvrir ces vérités cachées, nous devons nous immerger dans un monde où chaque milliseconde compte, où chaque ride, chaque tension et chaque relâchement des muscles du visage a une signification. Êtes-vous prêt pour ce voyage dans le temps, pour ralentir le présent et démasquer la vérité ?

Il existe sept émotions universelles qui se reflètent dans nos micro-expressions : la joie, la tristesse, la peur, la surprise, le dégoût, le mépris et la colère. Chacune a son propre schéma de contractions musculaires qui, une fois appris, peut être reconnu comme un langage à part entière.

Selon Mark Matsumoto et John H. Hager dans leur ouvrage "Unmasking the Face : A Guide to Recognizing Emotions From Facial Expressions" (2008), la peur, par exemple, se manifeste par des sourcils levés, des yeux ouverts et des lèvres légèrement étirées. Le bonheur, quant à lui, se manifeste par la contraction des muscles autour des yeux et le rehaussement des joues, accompagnés d'un large sourire. Fascinant, n'est-ce pas ?

Cependant, il est important de se rappeler que ces micro-expressions sont si rapides qu'elles peuvent facilement passer inaperçues si l'on n'y prête pas attention. De plus, leur interprétation doit toujours se faire avec prudence et considération. Bien qu'il s'agisse de manifestations d'émotions authentiques, il ne faut pas oublier que les émotions ne sont pas toujours le reflet direct des pensées ou des intentions d'une personne.

Comment pouvons-nous donc améliorer notre capacité à détecter les micro-expressions ? La première règle d'or est de pratiquer, pratiquer, pratiquer. Comme pour toute langue, la fluidité ne s'acquiert qu'au prix d'un engagement et d'une constance sans faille. Mais ne vous inquiétez pas, vous n'êtes pas seul dans cette aventure. Je suis à vos côtés et, ensemble, nous allons percer les mystères des micro-expressions.

Mais pour voir, il faut d'abord apprendre à regarder. Comment observez-vous les gens dans votre vie quotidienne ? Pouvez-vous déceler une lueur de surprise dans les yeux de votre collègue ? Pouvez-vous remarquer la micro-expression de mécontentement sur le visage d'un ami lorsque vous abordez un sujet particulier ?

Chaque visage que vous rencontrez, chaque interaction que vous avez, est une occasion d'apprendre, d'affiner vos compétences. Pour la prochaine étape de ce voyage, je vous invite donc à vous plonger avec moi dans le monde merveilleux des micro-expressions. Mais avant de poursuivre, faisons une pause. Je veux que vous fassiez une pause. Respirons ensemble. Fermez les yeux. Imaginez maintenant le visage d'un proche. Vous pouvez le voir, n'est-ce pas ? Essayez de vous souvenir d'une conversation récente que vous avez eue avec cette personne. Observez son visage dans l'œil de votre esprit - remarquez-vous des micro-expressions, des éclairs d'émotion qui vous auraient échappé sur le moment ?

C'est normal si vous ne le voyez pas maintenant. Ne vous inquiétez pas. C'est une compétence qui s'acquiert avec de la pratique et de la patience. Mais tu es sur la bonne voie. Et n'oubliez pas que je suis à vos côtés à chaque étape de ce voyage fascinant.

Poursuivons.

Parlons de quelques études et auteurs qui se sont plongés dans ce vaste océan de micro-expressions. L'un des pionniers est sans aucun doute Paul Ekman. Dans son livre "Emotions Revealed" (2003), Ekman souligne l'importance des microexpressions en tant que fenêtres sur les émotions authentiques, arguant que ces expressions faciales rapides et fugaces sont involontaires et universelles.

Une étude fascinante réalisée par Haggard et Isaacs en 1966, intitulée "Micro-momentary facial expressions of emotion in psychotherapy", a mis en évidence pour la première fois l'existence des micro-expressions. Dans cette étude, ils ont enregistré des thérapies psychiatriques et revu les enregistrements au ralenti, découvrant des micro-expressions qui n'avaient pas été remarquées à vitesse normale.

Prenons un exemple pour mieux visualiser ce que nous apprenons. Supposons que vous soyez en réunion de travail et que votre patron vous parle d'un nouveau projet. Sur son visage, vous voyez une micro-expression de mépris lorsqu'il mentionne un collègue. Pendant ce bref instant, vous avez une idée claire de ce que votre patron pense vraiment de ce collègue.

Ces nouvelles connaissances vous donnent une perspective différente et une compréhension plus profonde de la dynamique de votre environnement de travail. Elles vous donnent une nouvelle façon d'entrer en contact avec les gens et de comprendre leurs émotions authentiques, ce que la plupart des gens risquent de ne pas voir.

Ces bouffées d'émotion peuvent vous aider à mieux comprendre les autres et, par conséquent, à mieux vous comprendre vous-même. Ils nous invitent à devenir plus empathiques, plus conscients et plus humains. N'est-ce pas merveilleux d'avoir accès à cette précieuse source d'information ?

Comme l'observateur silencieux dans la forêt, nous devenons les témoins de la riche vie émotionnelle qui nous entoure, appréciant la beauté des micro-expressions et la complexité de l'existence humaine. Et c'est précisément ce respect et cette appréciation des êtres humains et de leurs émotions qui rendent notre voyage si passionnant et gratifiant.

Cependant, il reste encore beaucoup de chemin à parcourir. Dans la prochaine partie, nous irons encore plus loin dans la pratique de la détection des micro-expressions, et nous examinerons quelques techniques spécifiques qui vous aideront à améliorer vos compétences. Êtes-vous prêt à explorer plus avant avec moi ? Je vous promets que ce sera une aventure extraordinaire, je vous l'assure.

Mais avant de poursuivre, laissez-moi vous confier un petit secret. Ce voyage que nous entreprenons ensemble, cette exploration des émotions humaines et de la façon dont elles se manifestent sur nos visages, est bien plus qu'une simple compétence ou un simple outil. C'est un voyage de découverte de soi et de développement personnel. C'est l'occasion de mieux comprendre les gens et, par conséquent, nous-mêmes.

Maintenant, imaginez que vous puissiez voir au-delà des mots, que vous puissiez comprendre les émotions des gens à un niveau beaucoup plus profond. Imaginez les possibilités que cela ouvre. Non seulement en termes de communication et de relations interpersonnelles, mais aussi en termes d'empathie et de compréhension. Cela ne vous enthousiasme-t-il pas ?

Dans la prochaine partie de ce voyage, je vous guiderai à travers une série d'exercices pratiques pour améliorer votre capacité à détecter les micro-expressions. Nous examinerons quelques techniques spécifiques et vous aurez l'occasion de vous entraîner et d'affiner vos compétences.

Et tandis que nous pratiquons et apprenons ensemble, je vous invite à garder un esprit ouvert et curieux. Rappelez-vous que chaque visage, chaque expression, est un mystère à découvrir. Et dans chacun de ces mystères, il y a une histoire qui attend d'être racontée.

Alors, êtes-vous prêt à passer à l'étape suivante, à découvrir ces histoires cachées et à plonger dans le monde fascinant des micro-expressions ?

Je vous promets que ce sera un voyage passionnant. Et n'oubliez pas que vous n'êtes pas seul dans ce voyage. Je suis là avec vous, je vous guide, j'apprends avec vous. Ensemble, nous allons percer les mystères des émotions humaines et découvrir les vérités cachées derrière chaque visage que nous rencontrons.

Je suis très enthousiaste à l'idée de ce qui nous attend dans le prochain chapitre. Nous allons nous plonger dans des exercices et des techniques qui vous permettront de lire les micro-expressions comme un livre ouvert. Savez-vous à quel point cela vous sera utile ? Grâce à cette compétence, vous serez en mesure de mieux comprendre les gens, de voir au-delà des mots et des apparences. Mais surtout, vous apprendrez à apprécier la beauté et la complexité de l'existence humaine à un niveau beaucoup plus profond.

Alors, êtes-vous prêts pour la suite de notre voyage ? Je vous promets qu'elle sera fascinante, passionnante et, surtout, enrichissante. Je me réjouis de poursuivre ce voyage avec toi, mon ami. Alors, respirons profondément, regardons vers l'avant et faisons le prochain pas ensemble. Je vous donne rendez-vous au prochain chapitre.

Chapitre 7 : La science de la posture : ce que révèle la posture du corps

Vous avez certainement entendu le célèbre dicton : "Le corps ne ment jamais". Chère lectrice, cher lecteur, c'est particulièrement vrai lorsqu'il s'agit de notre posture. La posture est l'une des formes les plus puissantes de la communication non verbale, et pourtant elle passe souvent inaperçue. Pourquoi ? Parce que nous avons tendance à nous concentrer sur les mots, sur les expressions faciales, mais nous sous-estimons le récit révélateur que notre corps nous offre par son positionnement.

Avez-vous déjà réfléchi à la façon dont votre posture peut influencer la façon dont les autres vous perçoivent ? Ou à la façon dont la posture de quelqu'un d'autre vous fait ressentir cette personne ? Et si je vous disais que votre posture en dit peut-être plus long sur vous que les mots ne pourraient jamais l'exprimer ? Intéressant, vous ne trouvez pas ?

Laissez-moi vous emmener dans un voyage à travers la science de la posture, en explorant comment la façon dont nous nous positionnons peut transmettre des messages puissants sur nos émotions, nos attitudes et même notre santé.

Notre posture ne reflète pas seulement ce que nous ressentons, mais aussi la façon dont nous nous percevons et dont nous percevons le monde qui nous entoure. Vous souvenez-vous d'un moment où vous vous êtes senti vaincu ? Quelle était votre posture ? Probablement voûté, les épaules affaissées, la tête baissée. Maintenant, souvenez-vous d'un moment de triomphe ou de joie - vous étiez debout, bien droit, les épaules en arrière, la tête haute, n'est-ce pas ? Comme vous pouvez le constater, même sans paroles, notre corps en dit long.

De plus, notre posture peut influencer notre ressenti émotionnel. Amy Cuddy, psychologue sociale à Harvard, l'a démontré dans son étude de 2012. Dans son célèbre TED Talk "Your body language may shape who you are", Cuddy explique comment l'adoption de "poses de pouvoir" peut affecter nos hormones, en augmentant notre confiance et en diminuant notre stress. Fascinant, non ?

Mais ce n'est pas tout. Notre posture peut même avoir un impact sur notre santé physique. Des recherches ont montré qu'une mauvaise posture peut entraîner des problèmes tels que des douleurs dorsales, des tensions musculaires et des difficultés respiratoires. Mais ne vous inquiétez pas, tout au long de ce chapitre, nous verrons comment vous pouvez améliorer votre posture pour vivre une vie plus saine et plus sûre.

Êtes-vous prêt à découvrir le langage silencieux mais puissant de la posture et la manière dont il influence notre communication et notre bien-être ? Êtes-vous prêt à regarder au-delà des mots et à explorer ce que notre corps essaie de nous dire ? Si votre réponse est oui, rejoignez-moi pour ce voyage fascinant. Veillez à prêter attention à chaque détail et à mettre en pratique dans votre esprit ce que nous sommes sur le point d'apprendre. Car, cher lecteur, la posture est bien plus que le simple fait de se tenir debout ou de s'asseoir. C'est une forme d'expression.
Un art, oui, mais aussi une science. Nous avons déjà commencé à explorer les liens émotionnels et physiques de la

posture, mais permettez-moi d'approfondir un peu plus cette science fascinante, la science de la posture. Vous êtes-vous déjà demandé pourquoi nous nous tenons debout comme nous le faisons, ou pourquoi notre posture change en fonction de la situation dans laquelle nous nous trouvons ? Comme vous pouvez vous en douter, tout est affaire de biologie et de psychologie.

Dans son livre "The Naked Ape" (1967), Desmond Morris, éminent anthropologue et expert en langage corporel, nous rappelle que notre posture est profondément ancrée dans notre lignée évolutive. Les premiers hommes avaient besoin de communiquer efficacement pour survivre et s'épanouir, et la posture était un moyen fondamental d'y parvenir. Une posture droite était synonyme de force et de confiance, tandis qu'une posture avachie indiquait la soumission ou la défaite. Bien que notre société ait beaucoup changé depuis, ces signaux posturaux de base sont toujours d'actualité.

De plus, la façon dont nous nous sentons émotionnellement peut avoir un impact direct sur notre posture. Vous pouvez en faire l'expérience en ce moment même, n'est-ce pas ? Lorsque vous êtes heureux, vous vous sentez léger, comme si vous pouviez voler, et votre posture le reflète. Lorsque vous êtes triste, en revanche, vous vous sentez lourd, comme si vous portiez le poids du monde sur vos épaules, et votre corps plie sous cette charge.

Qu'est-ce que tout cela signifie pour vous, cher lecteur ? Cela signifie que vous pouvez apprendre à lire la posture, non seulement la vôtre, mais aussi celle des autres. Imaginez que vous puissiez discerner les sentiments d'une personne simplement en observant la façon dont elle se tient. Imaginez que vous puissiez transmettre votre confiance et votre force simplement en ajustant votre façon de vous tenir... Cela ne vous semble-t-il pas passionnant ?

Et c'est là que les choses deviennent vraiment intéressantes. Car, bien que notre posture soit profondément ancrée dans notre biologie et nos émotions, nous pouvons aussi apprendre à la modifier. N'est-ce pas merveilleux ? Si votre posture vous fait souffrir, vous pouvez apprendre à la corriger. Si votre posture ne reflète pas la confiance que vous souhaitez transmettre, vous pouvez y travailler. La posture n'est pas une destination fixe, c'est un voyage.

Maintenant, cher lecteur, alors que nous poursuivons ce voyage ensemble, j'aimerais que vous réfléchissiez à votre propre posture. Comment vous sentez-vous lorsque vous êtes debout ? Comment vous sentez-vous lorsque vous êtes assis ? Et comment pensez-vous que les autres vous perçoivent à travers votre posture ? Il n'est pas facile de répondre à ces questions, mais au fur et à mesure que nous avançons dans ce chapitre, je vous assure que vous trouverez les réponses que vous cherchez.

Nous allons maintenant, cher lecteur, nous pencher sur quelques exemples qui vous aideront à visualiser la façon dont la posture communique des sentiments et des humeurs spécifiques. Imaginez que vous vous trouvez dans une salle pleine de gens lors d'une fête. Les conversations vont bon train, la musique est dans l'air et les personnalités sont très variées. Un laboratoire idéal pour l'observateur du langage corporel que vous apprenez à devenir.

Regardez la jeune fille dans le coin de la pièce. Elle est debout, mais son dos est voûté, ses épaules sont affaissées et son regard est baissé. Bien qu'elle ne dise rien, sa posture est un cri silencieux. Elle traduit son insécurité, son malaise face à la situation. Peut-être ne se sent-elle pas à sa place, peut-être est-elle préoccupée par autre chose. Mais sans un seul mot, vous pouvez ressentir ce qu'elle ressent, grâce à sa posture.

Portez maintenant votre attention sur l'homme qui se trouve au centre de la pièce. Il est debout, mais sa posture est très différente. Son dos est droit, ses épaules sont en arrière et son menton est légèrement relevé. Il dégage une impression de confiance et d'assurance. Il est probable qu'il se sente à l'aise dans cette situation, voire qu'il l'apprécie.

Voici deux exemples de la façon dont la posture peut transmettre des sentiments très différents. Commencez-vous à voir à quel point cette forme de communication non verbale peut être puissante ?

Permettez-moi de vous présenter un autre scénario. Rappelez-vous que nous avons mentionné au chapitre 4, "Les nuances du silence", que le silence dans une conversation peut être tout aussi communicatif. Pouvez-vous imaginer comment la posture peut intensifier le pouvoir du silence ?

Pensez à une situation tendue. Peut-être une négociation commerciale difficile. Les mots peuvent être mesurés, chaque phrase calculée pour obtenir le meilleur avantage. Mais au milieu de ce silence tendu, l'un des négociateurs se penche en arrière sur sa chaise, croise les bras et lève le menton. Sans dire un mot, il lance un défi, un signe de résistance et de désaccord. Sa posture parle pour lui.

C'est pourquoi, cher lecteur, il est essentiel que vous appreniez à observer et à comprendre la posture, à la fois chez vous et chez les autres. Elle devient un outil incroyablement puissant pour décoder la communication non verbale et améliorer vos interactions et votre compréhension de ceux qui vous entourent.

Une petite dose d'humour pour vous : saviez-vous que même les flamants roses ont une posture caractéristique ? Oui, avec une jambe levée et le cou tendu, ils semblent pratiquer le yoga le plus élégant que vous ayez jamais vu. Peut-être pourrions-nous tous apprendre une ou deux leçons de ces merveilleux oiseaux. Alors, gardez le dos droit et continuez !

Maintenant que nous avons exploré la posture sous différents angles, il est essentiel que vous mettiez en pratique ce que vous avez appris, cher lecteur. Il n'y a pas de meilleure façon de comprendre la profondeur de ces concepts que de les expérimenter dans la vie réelle.

Et vous savez quoi ? La lecture de la posture ne sert pas seulement à déchiffrer les pensées et les sentiments des autres. Elle peut aussi être un puissant outil de connaissance de soi. Essayez de vous observer au cours de la journée. Comment êtes-vous assis lorsque vous travaillez ? Comment vous tenez-vous lorsque vous rencontrez un ami ? Comment votre posture change-t-elle lorsque vous vous sentez en confiance et lorsque vous vous sentez mal à l'aise ?

La posture joue également un rôle dans la façon dont les autres nous perçoivent. Comme l'a souligné l'auteure et psychologue sociale Amy Cuddy dans son exposé TED en 2012, "Votre langage corporel peut façonner qui vous êtes". Je vous invite ici à approfondir le sujet de son intervention et à découvrir comment la posture peut influencer non seulement la façon dont les autres nous perçoivent, mais aussi la façon dont nous nous percevons nous-mêmes.

C'est pourquoi je vous encourage à pratiquer l'observation consciente de la posture, la vôtre et celle des autres. Vous verrez que cette compétence vous offre une nouvelle façon de comprendre les interactions humaines, une façon qui va au-delà des mots et qui va au cœur de nos silences.

Nous voici arrivés à la fin de notre voyage dans la science de la posture, mais n'oubliez pas que toute fin n'est que le début de quelque chose de nouveau. Dans le prochain chapitre, nous nous pencherons sur le langage des pas. Je vous promets un voyage fascinant, au cours duquel nous découvrirons comment quelque chose d'aussi commun et quotidien que la marche peut révéler tant de choses sur nous.

Je suis ravie de poursuivre ce voyage avec vous, cher lecteur. Allez-y, gardez votre posture droite et préparez-vous à franchir la prochaine étape de notre passionnante exploration du langage corporel ! Êtes-vous prêt à passer à l'étape suivante ? Bien sûr, après tout, nous sommes partenaires dans cette aventure passionnante du décodage des silences. Rendez-vous au prochain chapitre.

Chapitre 8 : Le langage des pas : Analyser la marche et le mouvement

Cher lecteur, permettez-moi de commencer par une question que vous ne vous êtes peut-être jamais posée : que dit de vous votre démarche ? Intéressant, n'est-ce pas ? Nous ne nous en rendons peut-être pas compte, mais la façon dont nous nous déplaçons dans le monde a sa propre voix, son propre langage. Oui, les pas parlent, et ce chapitre nous permettra d'explorer ce dialecte fascinant qu'est le langage corporel.

Pourquoi est-il important de comprendre le langage des étapes, demandez-vous ? Eh bien, rappelons un peu ce que nous avons abordé dans les chapitres précédents. Nous avons déjà vu comment les gestes, les postures, les micro-expressions, le regard et même notre posture nous permettent d'exprimer nos émotions et nos pensées de manière subtile mais significative. Mais il y a quelque chose d'unique dans notre façon de marcher et de nous déplacer.

Nous marchons tous les jours, tout le temps, souvent sans y penser. Pourtant, chacun de nos pas porte en lui l'écho de nos émotions, de nos pensées et de notre personnalité. Notre façon de bouger peut traduire la confiance, la nervosité, la joie, la tristesse, et peut même révéler notre état de santé physique et mentale. Mais pour "entendre" ces subtilités, il faut apprendre à "écouter" avec les yeux.

L'idée n'est pas nouvelle. Dans leur livre "Nonverbal Communication : The Unspoken Dialogue" (1996), les auteurs Michael Argyle et Mark Cook soulignent que l'analyse des schémas de mouvement peut fournir des informations précieuses sur l'humeur et la personnalité d'une personne. Et ceci, cher lecteur, est au cœur de notre voyage dans ce chapitre.

Pensez à une personne que vous connaissez bien. Imaginez sa démarche : est-elle déterminée, ferme, empreinte de confiance, ou est-elle plus prudente, timide, comme si elle voulait passer inaperçue ? Peut-être qu'en lisant ces lignes, vous commencez déjà à voir comment le langage des pas peut révéler beaucoup de choses sur nous.

Mais il y a quelque chose de plus, quelque chose qui va au-delà de la simple observation. Comme pour la posture, le langage des pas peut être un outil puissant de connaissance et de transformation de soi. Vous vous souvenez de ce que nous avons dit au chapitre 7 ? Oui, la façon dont nous portons notre corps, dont nous nous tenons debout et dont nous nous déplaçons, peut influencer la façon dont nous nous percevons. Cela s'applique également à nos pas.

Alors, cher lecteur, êtes-vous prêt à franchir cette nouvelle étape de notre voyage ? Êtes-vous prêt à découvrir le langage des pas et ce qu'il peut révéler sur vous et sur les autres ? Bien sûr, vous l'êtes. Alors, respirez profondément, levez-vous et commençons ce voyage ensemble !

Nous continuons à avancer ensemble sur ce chemin fascinant, en approfondissant l'art de décoder le langage des pas. Nous allons décomposer cette danse quotidienne qu'est la marche. Pour ce faire, nous ferons appel à plusieurs experts en la matière, afin d'élargir notre compréhension.

Rappelons les paroles de Rudolf Laban, théoricien de la danse et pionnier de l'étude du mouvement, qui a déclaré dans son ouvrage "La maîtrise du mouvement" (1971) que "le mouvement est la vie, et la vie est le mouvement". Laban nous a appris que chaque pas, chaque mouvement, est plein de sens et d'objectif, et que même le plus subtil des changements peut totalement modifier le message transmis.

Quels sont donc les détails à observer ? Considérons la longueur des pas. Un pas long et assuré peut transmettre de l'assurance, de la confiance en soi. En revanche, des pas courts et rapides peuvent indiquer de la nervosité, de l'impatience, voire de la peur. Qu'en est-il de la vitesse des pas ? Une personne qui marche vite peut être impatiente d'arriver à destination, tandis qu'une personne qui marche lentement peut être plus détendue, voire absorbée par ses pensées.

Allons plus loin et considérons l'orientation des pieds. Si une personne marche avec les pieds tournés vers l'extérieur, elle peut montrer une attitude ouverte et réceptive. En revanche, si les pieds sont tournés vers l'intérieur, cela peut suggérer de la timidité, voire de l'insécurité. Fascinant, n'est-ce pas ?

Que se passe-t-il donc si l'on observe les mouvements des mains d'une personne qui marche ? Des mains qui se balancent librement peuvent indiquer que la personne est détendue et à l'aise, tandis que des mains dans les poches peuvent suggérer une certaine gêne ou un manque d'assurance. Qu'en est-il des épaules ? Des épaules détendues peuvent témoigner d'une certaine confiance, tandis que des épaules tendues ou relevées peuvent être le signe d'un stress ou d'une nervosité.

Comme vous pouvez le constater, de nombreux détails doivent être pris en compte lors de l'analyse du langage des pas. Et n'oubliez pas qu'il ne s'agit pas de juger les autres, mais de mieux les comprendre, d'apprendre à "lire" ce qu'ils nous communiquent à travers leur langage corporel.

Maintenant, cher lecteur, je vous invite à faire une pause et à réfléchir un peu à ce que vous venez de lire. Pensez aux personnes qui vous entourent : comment marchent-elles, que vous disent leurs pas, et vos propres pas, comment marchez-vous lorsque vous êtes heureux, triste ou nerveux ?

J'espère que cette réflexion vous aidera à apprécier encore davantage le pouvoir du langage des pas et à découvrir tout ce qu'il peut révéler sur nous-mêmes et sur les autres. Et maintenant, votre curiosité encore plus piquée, vous êtes prêts à plonger encore plus profondément dans le monde merveilleux du langage des pas.

Imaginez un instant que vous êtes assis dans un parc. Vous observez les gens qui passent et vous commencez à remarquer leurs pas, leur façon de marcher. Cette femme qui marche d'un pas long et décidé, en bougeant les bras rapidement. Cet homme plus âgé qui marche lentement, à petits pas mesurés, comme si chacun d'entre eux était calculé. Cet enfant qui court d'un pas léger et rapide, comme si le monde était son terrain de jeu. Que vous dit sa façon de bouger ? Quelles histoires ses pas racontent-ils ?

Prenons l'exemple de l'enfant. Son énergie inépuisable, sa joie débordante, tout cela se reflète dans ses pas. Nous pourrions presque le voir comme un oiseau volant à basse altitude, sautant et courant avec une joie débridée. Son langage des pas nous parle d'une jeunesse exubérante, d'un esprit libre et joyeux.

Considérons maintenant la femme. Elle marche d'un pas décidé, avec assurance. Il n'y a pas d'hésitation dans ses pas. Ses mouvements sont énergiques, comme si elle avait une destination en tête et était déterminée à l'atteindre. Dans ses pas, nous pouvons lire une histoire de confiance et de détermination.

Et enfin, l'homme le plus âgé. Ses pas sont courts et mesurés. Il n'est pas pressé. Il semble apprécier la marche, prendre le temps d'apprécier les détails du chemin. Son langage des pas témoigne d'une sagesse tranquille, de la paix de celui qui a parcouru un long chemin et qui sait apprécier chaque étape.

Nous voyons ici comment le langage des pas peut révéler tant de choses sur nous. Mais si je vous disais que ce n'est pas tout, que ce langage ne se limite pas à la façon dont nous marchons, mais aussi à la façon dont nous nous déplaçons en général ? Pensez à la façon dont votre langage corporel change lorsque vous vous levez d'une chaise ou lorsque vous vous tournez pour regarder quelque chose. Et lorsque vous êtes dans un espace bondé, que vous vous déplacez au milieu d'une foule ?

L'étude du mouvement humain est un domaine fascinant, avec beaucoup de choses à découvrir. Alors que nous continuons à explorer ce monde merveilleux du langage corporel, souvenez-vous que chaque mouvement raconte une histoire, que chaque pas est un poème écrit dans l'air, et que vous, cher lecteur, avez le pouvoir de lire ces histoires, de déchiffrer ces poèmes. Et vous, cher lecteur, avez le pouvoir de lire ces histoires, de déchiffrer ces poèmes. N'est-ce pas merveilleux ?

Il est temps pour nous de faire un pas de plus, d'approfondir notre compréhension de cette danse silencieuse. Comment notre danse change-t-elle lorsque nous sommes heureux, tristes ou excités ? Comment quelqu'un bouge-t-il lorsqu'il est nerveux, confiant ou hésitant ? Et que signifie réellement le fait que quelqu'un soit constamment en mouvement ou, à l'inverse, qu'il ne bouge presque pas ?

C'est un terrain fascinant et complexe, qui en dit long sur notre personnalité, nos émotions et même nos intentions. Ce n'est pas seulement la façon dont nous marchons, c'est la façon dont nous nous déplaçons dans notre espace, la façon dont nous interagissons avec notre environnement et avec les autres.

Vous souvenez-vous de Michael Argyle, le psychologue social britannique dont j'ai parlé plus haut ? Dans son livre "The Psychology of Interpersonal Behaviour" (1967), Argyle postule que le mouvement est l'un des canaux les plus importants de la communication non verbale. Selon lui, nous ne transmettons pas seulement des informations par nos mots et notre voix, mais aussi par nos gestes, nos postures et, bien sûr, notre démarche.

Voyez-vous comment ces connaissances peuvent être utiles dans de nombreux aspects de votre vie ? Qu'il s'agisse de mieux comprendre vos proches, d'améliorer vos compétences en matière de communication au travail ou même de vous aider à mieux interpréter les personnes que vous venez de rencontrer. Et oui, cela pourrait même vous aider à mieux vous comprendre. N'est-ce pas étonnant qu'une simple observation puisse ouvrir tant de portes ?

Maintenant, cher lecteur, alors que nous clôturons ce chapitre, permettez-moi de vous inviter à poursuivre ce voyage avec moi. Dans le prochain chapitre, nous explorerons le monde fascinant du langage corporel à l'ère numérique. Comment nos signaux non verbaux se traduisent-ils lorsque nous sommes derrière un écran ? Comment pouvons-nous lire les signaux des autres lors d'un chat textuel, d'un appel vidéo ou même d'un message sur les médias sociaux ?

Je suis enthousiaste à l'idée d'entamer ce nouveau voyage avec vous. Je suis sûr que nous trouverons de nombreuses réponses ensemble, et que de nouvelles questions surgiront probablement aussi. Mais cela fait partie de la beauté de la vie, n'est-ce pas ? Il y a toujours plus à apprendre, plus à découvrir, plus à comprendre. Et moi, cher ami, je serai à tes côtés à chaque étape. Alors, rendez-vous au prochain chapitre ?

Chapitre 9 : Le langage corporel dans le monde numérique : comment lire les signaux à travers l'écran

Avez-vous déjà eu l'impression de parler à un étranger à travers un écran ? Ce vide lorsque vous ne pouvez pas lire ses émotions ou ses intentions ? Ce sentiment de malaise lorsque quelque chose ne vous semble pas normal, mais que vous ne pouvez pas comprendre de quoi il s'agit ? Si vous avez déjà ressenti ces insécurités dans le monde numérique, ce chapitre est pour vous.

Le langage corporel existe depuis l'aube de l'humanité, bien avant que nous ayons appris à communiquer avec des mots. Toutefois, dans le monde numérique d'aujourd'hui, nous avons perdu une grande partie de cette forme de communication. Mais cela ne veut pas dire qu'il est complètement perdu. Au contraire, elle s'est transformée, s'adaptant aux nouveaux canaux d'interaction que nous offrent les technologies modernes.

Alors, à quoi ressemble le langage corporel dans le monde numérique ? Comment pouvons-nous lire les signaux à travers l'écran ? Est-il possible de comprendre les émotions, les intentions et même la personnalité de quelqu'un sans l'aide de nos indices non verbaux bien-aimés ? Découvrons-le ensemble.

À l'ère du numérique, nos rencontres physiques se sont réduites et nous avons migré vers des réunions virtuelles, des appels vidéo, des messages textuels et des réseaux sociaux. Bien que ces canaux ne nous permettent pas d'utiliser toutes les composantes du langage corporel dont nous avons parlé jusqu'à présent, ils nous fournissent suffisamment d'indices pour interpréter les signaux non verbaux.

Pour commencer, examinons comment nous pouvons déchiffrer les émotions grâce aux appels vidéo, la forme de communication en face à face la plus proche dans le monde numérique. Bien que nous disions souvent que les appels vidéo ne peuvent pas reproduire l'expérience d'une réunion en face à face, ils offrent néanmoins une mine d'informations visuelles. Les gestes du visage, le contact visuel, les mouvements des mains et la posture sont tous visibles lors des appels vidéo. Mais qu'en est-il des micro-expressions et des changements subtils dans le ton de la voix, qui sont beaucoup plus difficiles à détecter à travers un écran ? Ou qu'en est-il de l'interprétation des silences et des pauses dans un environnement où le décalage et les interruptions techniques sont fréquents ?

La réponse, cher lecteur, est que nous devons recalibrer nos compétences en matière d'interprétation. Nous devons apprendre à ajuster nos attentes et à tenir compte des limites de la technologie. Et oui, nous devons parfois nous fier un peu plus à nos intuitions et au contexte de la conversation. Mais ne vous inquiétez pas, je suis là pour vous guider dans ce voyage.

Au-delà des appels vidéo, il y a le monde fascinant de la communication écrite en ligne : messages textuels, courriels, messages sur les médias sociaux. Bien que ces médias ne fournissent pas les indices visuels et auditifs auxquels nous sommes habitués, ils offrent leur propre série d'indicateurs. Le choix des mots, la ponctuation, les émojis, le rythme et le ton de la conversation peuvent tous nous donner des indices sur l'émotivité sous-jacente de l'interaction.

Mais pour explorer plus en profondeur ce monde fascinant de la communication écrite en ligne, je voudrais vous présenter une figure importante dans ce domaine, le professeur Albert Mehrabian, auteur du célèbre livre "Silent Messages" (1971). Il a proposé la règle 7-38-55, selon laquelle l'interprétation d'un message se divise en 7 % de mots, 38 % de tonalité de la voix et 55 % de langage corporel. Vous vous demandez peut-être comment appliquer cette règle à la communication numérique écrite, où nous ne disposons que de 7 % ? Eh bien, vous seriez surpris de voir tout ce que l'on peut extrapoler à partir de ces 7 %.

Nous allons ensemble percer ce mystère. Prenons l'exemple des emojis : saviez-vous que l'emoji "smiley" est l'un des emojis les plus utilisés au monde ? Une étude de 2019 publiée dans le "Journal of Cyberpsychology, Behavior, and Social Networking" a montré que l'utilisation des emojis peut jouer un rôle clé dans l'interprétation des intentions et des émotions dans les messages textuels. Ainsi, bien que les emojis ne soient pas identiques aux micro-expressions faciales que nous avons explorées au chapitre 6, ils peuvent aider à transmettre et à percevoir les émotions dans le contexte de la communication numérique écrite.

Outre les emojis, il existe également des éléments tels que le choix des mots, la ponctuation, la longueur du texte, le temps de réponse, qui peuvent tous fournir des indices sur l'état émotionnel et les intentions de la personne avec laquelle nous interagissons. Comme vous pouvez le constater, bien que nous soyons limités à ces 7 % de mots, nous sommes loin d'être aveugles dans le monde numérique.

Mais n'oublions pas que chaque individu et chaque culture a sa propre façon de communiquer en ligne. Par exemple, dans certains pays, il est courant d'utiliser plusieurs points d'exclamation ou d'interrogation pour souligner une émotion, alors que dans d'autres, cela peut être interprété comme un signe d'agressivité. Il est donc essentiel de tenir compte du contexte culturel lors de l'interprétation de la communication en ligne, un point que nous aborderons plus en détail au chapitre 20.

Qu'en est-il de la communication via les médias sociaux ? Comment pouvons-nous interpréter le langage corporel dans les photos, les vidéos, les messages et les "j'aime" ? Même si cela peut sembler difficile, n'oubliez pas qu'il s'agit simplement de formes d'expression et qu'elles font donc partie du langage corporel au sens large.

Alors, cher lecteur, ne désespérez pas face à l'écran, vous n'êtes pas aussi aveugle que vous le pensez. Même si les indices sont plus subtils, ils sont toujours là, attendant que vous les découvriez. Et avec les bons conseils, ceux que je suis venu vous offrir, vous apprendrez à interpréter ces signes, à lire entre les lignes, à écouter le silence qui parle à travers l'écran. Car, en fin de compte, la communication non verbale est une danse, que ce soit dans la salle de bal de la vie réelle ou sur la scène numérique de la communication moderne.

Maintenant que les bases sont posées, il est temps de passer à une analyse plus détaillée. Examinons de plus près quelques exemples concrets qui nous aideront à clarifier ces concepts.

Imaginez que vous êtes en appel vidéo avec un collègue. À première vue, tout semble normal. Mais au fur et à mesure que le temps passe, vous remarquez quelque chose d'étrange dans son comportement. Même s'il maintient le contact visuel avec la caméra, il y a quelque chose dans ses yeux qui ne semble pas tout à fait authentique. Vous souvenez-vous du chapitre 3 lorsque nous avons parlé de la "danse des regards" ? C'est ici qu'elle entre en jeu. Même si votre collègue regarde la caméra, si ses yeux semblent errer ou ne montrer aucune émotion, il se peut qu'il ne soit pas pleinement attentif ou engagé dans la conversation.

Un autre exemple est celui des messages textuels : avez-vous déjà reçu un message disant "Ok" et vous êtes-vous demandé si la personne allait vraiment bien ou si ce point n'était pas plus long ? Le fameux "point agressif" est un bon exemple de la façon dont la ponctuation peut nuancer nos propos dans la communication numérique. Une étude publiée en 2015 dans la revue Computers in Human Behavior a montré que les messages textuels se terminant par un point étaient perçus comme moins sincères que ceux qui ne se terminaient pas par un point. Ainsi, même un simple point peut modifier l'interprétation d'un message.

Et qu'en est-il des médias sociaux ? Avez-vous déjà regardé une photo sur Instagram et vous êtes-vous fait une idée de la personne sans même l'avoir rencontrée ? Les photos et les vidéos sur les médias sociaux peuvent donner beaucoup d'informations. Le choix de l'éclairage, la pose, l'expression du visage, l'angle de la caméra, le cadre, tous ces éléments peuvent communiquer des détails sur la personnalité et l'humeur de la personne. Par exemple, une photo de profil où la personne regarde directement l'appareil photo avec un sourire peut transmettre confiance et amabilité. En revanche, une photo de profil où la personne détourne le regard ou affiche une expression sérieuse peut véhiculer une aura de mystère ou de sérieux.

Mais n'oubliez pas qu'il faut toujours se garder de faire des suppositions sur la base de ces seuls signaux. L'interprétation du langage corporel, que ce soit en personne ou à l'écran, ne doit jamais être faite de manière isolée, mais toujours en conjonction avec le contexte, la situation et la communication verbale.

Ainsi, même si le monde numérique peut sembler au départ un défi pour l'interprétation du langage corporel, vous pouvez développer votre capacité à lire les signaux non verbaux, même à travers l'écran, en suivant les conseils et en vous exerçant correctement. Car, au fond, la communication numérique n'est qu'une nouvelle étape de la danse éternelle du langage corporel, une danse que nous portons tous en nous, en tant qu'êtres humains. Alors, êtes-vous prêt à entrer dans la danse, cher lecteur, êtes-vous prêt à vous embarquer dans ce voyage de découverte du monde numérique ?

À mesure que nous avançons dans l'ère numérique, nous entrons également dans une nouvelle forme de communication. Les liens qui se nouaient autrefois lors de rencontres en face à face se forment désormais par le biais d'appels vidéo, de messages textuels et de messages sur les médias sociaux. Mais même si le support a changé, le langage corporel reste plus pertinent que jamais. Oui, les signaux peuvent être différents, ils peuvent être plus subtils, mais ils sont là, attendant d'être découverts.

Le langage corporel dans le monde numérique est comme un nouveau dialecte dans la vaste langue de la communication humaine. Et comme tout dialecte, il nécessite compréhension et pratique. Je vous invite donc, cher lecteur, à vous entraîner à lire les signaux non verbaux dans vos interactions numériques. Observez, questionnez et réfléchissez. Comme l'a dit le célèbre psychologue Albert Mehrabian dans son livre "Silent Messages" (1971), la communication non verbale est tout un monde à découvrir. Et vous êtes au seuil de ce monde.

Dans ce chapitre, nous avons analysé l'essence de la communication non verbale dans le monde numérique. Nous avons exploré la manière dont nos mots, le ton de notre voix, nos expressions faciales et nos postures se traduisent dans l'espace numérique. Nous avons étudié comment les signaux non verbaux peuvent être interprétés à travers un écran, depuis les subtilités d'un appel vidéo jusqu'aux perceptions créées par un message sur les médias sociaux.

Comme toujours, la compréhension de ces signaux vous aidera non seulement à mieux comprendre les autres, mais aussi à mieux vous comprendre vous-même. Comment vous présentez-vous dans l'espace numérique ? Quels sont les signaux que vous envoyez ? Sont-ils cohérents avec votre message et vos intentions ? Ce sont des questions que nous devons tous nous poser à l'ère du numérique.

Après avoir parcouru le langage corporel dans le monde numérique, nous sommes prêts à explorer une nouvelle dimension de la communication non verbale : l'espace personnel. Dans le prochain chapitre, nous nous pencherons sur l'importance de la distance dans la communication. Vous êtes-vous déjà demandé pourquoi vous vous sentez mal à l'aise lorsque quelqu'un envahit votre espace personnel ? Ou pourquoi vous vous sentez plus proche de quelqu'un lorsque vous vous asseyez à côté de lui au lieu de lui faire face ? Tout cela, et bien d'autres choses encore, seront révélées dans notre prochain chapitre.

Oui, cher lecteur, je vous promets que le prochain chapitre sera aussi passionnant que celui-ci, si ce n'est plus. Nous allons ouvrir une autre porte pour comprendre les silences, pour décoder les signaux que nous émettons en permanence, parfois sans même nous en rendre compte. Alors, prêts à poursuivre ce voyage avec moi, allons-y ! Allez-y, tournez la page, le voyage continue.

Chapitre 10 : Espace personnel : la signification de la distance dans la communication

Avez-vous déjà remarqué que vous avez tendance à vous éloigner un peu lorsque quelqu'un s'approche trop près de vous ou que vous vous sentez plus à l'aise lorsque quelqu'un respecte votre "espace personnel" ? Il ne s'agit pas de simples caprices ou idiosyncrasies individuels, mais de réactions universelles et instinctives que nous partageons tous. Aussi surprenant que cela puisse paraître, la distance qui nous sépare des autres peut communiquer bien plus que vous ne l'imaginez.

L'espace personnel, cher lecteur, est l'un des éléments fondamentaux de la communication non verbale. Même si cela n'en a pas l'air, chaque fois que vous vous approchez ou que vous vous éloignez de quelqu'un, vous transmettez un message. Et, bien entendu, ce message dépend du degré de proximité. C'est comme une danse silencieuse et constante que nous pratiquons tous, consciemment ou non.

Comprendre la signification de la distance dans la communication est donc essentiel si vous voulez devenir un expert dans l'art de décoder les silences. Cela vous permettra non seulement de mieux comprendre les autres, mais aussi d'être plus conscient des messages que vous transmettez vous-même. Et, pourquoi ne pas le dire, cela vous permettra d'éviter les malentendus et les situations embarrassantes.

Avant d'aller plus loin, j'aimerais vous poser une question : avez-vous remarqué que votre espace personnel varie en fonction de la personne avec laquelle vous interagissez ? Par exemple, vous vous sentez probablement à l'aise en étant très proche de votre partenaire, alors que vous préféreriez garder vos distances avec un parfait inconnu. Et si votre patron s'approche trop près de vous, vous vous sentez peut-être un peu mal à l'aise, n'est-ce pas ?

En réalité, nous avons tous une sorte de "bulle invisible" autour de nous, une zone que nous considérons comme la nôtre et que nous ne laissons envahir que par des personnes de confiance. Cette bulle est ce que les experts en communication non verbale appellent "l'espace personnel".

Le célèbre anthropologue Edward T. Hall, dans son ouvrage "The Hidden Dimension" (1966), a décrit ce phénomène de manière très détaillée. Selon Hall, il existe quatre zones de distance interpersonnelle : intime, personnelle, sociale et publique. Chacune de ces zones correspond à un type de relation différent et véhicule un message différent. Dans les paragraphes suivants, nous allons explorer plus en détail chacune de ces zones.

Alors, sans plus attendre, plongeons dans le monde fascinant de l'espace personnel. Je vous promets que ce voyage vous ouvrira les yeux, qu'il sera riche en découvertes et en réflexions. Et n'oubliez pas, au fur et à mesure que nous avançons, de prêter attention à ce que vous ressentez à l'égard de votre propre espace personnel. Car, après tout, nous sommes les premiers à ressentir les effets de notre communication non verbale.

Le premier niveau décrit par Edward T. Hall est la zone intime, qui s'étend du contact physique à une distance d'environ 46 cm. C'est dans ce rayon que se produisent les interactions les plus personnelles et les plus chargées d'émotion. Les étreintes, les baisers, les chuchotements à l'oreille sont autant d'actes que nous réservons normalement à nos proches. En permettant à quelqu'un d'entrer dans cet espace, nous envoyons un message de confiance et de vulnérabilité. Pouvez-vous vous souvenir d'une fois où vous avez permis à quelqu'un d'entrer dans votre zone intime ? Qu'avez-vous ressenti à ce moment-là ?

Le niveau suivant est la zone personnelle, qui s'étend de la zone intime à environ 1,2 mètre (4 pieds). C'est la distance à laquelle nous nous sentons à l'aise pour interagir avec des amis et des connaissances. Elle est suffisamment proche pour permettre des conversations privées, mais offre également un certain espace de respiration. Lorsque nous nous trouvons dans cette zone, nous communiquons une certaine familiarité avec l'autre personne. Mais si une personne que nous ne connaissons pas bien pénètre dans cette zone, nous pouvons nous sentir mal à l'aise, voire menacés.

Vient ensuite la zone sociale, qui s'étend de la zone personnelle à environ 3,6 mètres (12 pieds). C'est là que se déroulent les interactions professionnelles et formelles. Les réunions d'affaires, les conférences, les cours de maître - toutes ces interactions se déroulent généralement dans la zone sociale. Lorsque nous gardons quelqu'un dans cette zone, nous lui disons : "Je te respecte en tant qu'individu, mais je préfère garder une certaine distance entre nous".

Enfin, la zone publique englobe tout ce qui se trouve à plus de 3,6 mètres. C'est là que se produisent les interactions les moins personnelles, comme les conférences ou les discours publics. Dans cet espace, nous sommes à l'abri de toute intrusion personnelle et nous pouvons contrôler pleinement notre interaction avec les autres.

Il n'est pas difficile de comprendre comment ces zones d'espace personnel peuvent influencer nos interactions quotidiennes. Imaginez, par exemple, que vous êtes à une fête et qu'un inconnu s'approche de vous jusqu'à pénétrer dans votre zone personnelle : comment vous sentiriez-vous : menacé, mal à l'aise, peu à l'aise ? Imaginez maintenant que vous êtes en réunion au travail et que votre patron s'approche de vous jusqu'à pénétrer dans votre zone intime : vous sentiriez-vous tout aussi mal à l'aise ?

Il ne s'agit bien sûr que d'exemples, mais ils servent à illustrer un point important. Comme l'a souligné Robert Sommer dans son ouvrage "Personal Space : The Behavioral Basis of Design" (1969), "l'intrusion dans l'espace personnel peut être aussi offensante et dérangeante qu'une gifle". Comprendre et respecter l'espace personnel des autres est donc un aspect crucial de la communication non verbale.

En outre, il est important de garder à l'esprit que ces zones d'espace personnel peuvent varier en fonction d'un certain nombre de facteurs, tels que la culture, le sexe, l'âge ou la personnalité. Dans certaines cultures, par exemple, il est courant de se saluer en s'embrassant sur la joue, alors que dans d'autres, un tel geste serait considéré comme trop intime.

Le concept d'espace personnel peut donc être considéré comme un champ invisible qui nous entoure et nous permet de maintenir un certain degré de contrôle sur notre interaction avec les autres. Mais que se passe-t-il lorsque ce champ est violé ? Comment réagissons-nous lorsque quelqu'un envahit notre espace personnel ?

Le psychologue social Albert Mehrabian s'est penché sur ces questions dans son ouvrage "Silent Messages" (1971). Selon Mehrabian, l'invasion de l'espace personnel peut provoquer toute une série de réactions, allant de l'inconfort et de l'anxiété à la peur et à l'agression. Sur le plan physique, nous pouvons reculer ou nous éloigner de l'envahisseur. Sur le plan verbal, nous pouvons essayer d'interrompre la conversation ou de changer de sujet. Sur le plan émotionnel, nous pouvons nous sentir vulnérables, menacés ou méfiants.

Réfléchissez un instant : vous souvenez-vous d'une occasion où quelqu'un a envahi votre espace personnel ? Comment avez-vous réagi ? Vous souvenez-vous des émotions que vous avez ressenties ? Et comment cette expérience a-t-elle influencé votre relation avec cette personne ?

Mais que se passe-t-il lorsque nous envahissons l'espace personnel des autres ? Bien que nous n'en soyons pas conscients, nos actions peuvent avoir un impact important sur la façon dont les autres nous perçoivent. Selon le psychologue Robert H. Gifford dans son livre "Environmental Psychology : Principles and Practice" (1997), les personnes qui envahissent de façon répétée l'espace personnel des autres sont perçues comme dominatrices, insensibles et même agressives. En revanche, les personnes qui respectent l'espace personnel des autres sont perçues comme respectueuses, prévenantes et dignes de confiance.

L'invasion de l'espace personnel peut avoir un impact particulièrement fort dans le monde professionnel. Imaginez que vous êtes en réunion au travail et qu'un collègue s'approche de vous et pénètre dans votre espace personnel. Comment vous sentiriez-vous ? Comment cela affecterait-il votre relation professionnelle avec ce collègue ?

En conclusion, l'espace personnel est un élément essentiel de notre communication non verbale. En comprenant et en respectant l'espace personnel des autres, nous pouvons améliorer nos interactions sociales et construire des relations plus solides et plus saines. Mais, bien entendu, l'espace personnel n'est qu'une pièce du puzzle. Êtes-vous prêt à explorer davantage le monde fascinant de la communication non verbale ? Nous y voilà.

Nous avons donc découvert que notre bulle personnelle, cet espace invisible qui nous enveloppe, est un élément fondamental de notre communication avec les autres. Il est temps d'apprécier comment ce champ d'intimité influence notre perception, notre confort, et même la manière dont nous construisons nos relations.

Dans son ouvrage "Personal Space : The Behavioral Basis of Design" (1969), Robert Sommer souligne l'importance de l'espace personnel dans l'architecture et l'aménagement intérieur. La façon dont nos maisons, nos bureaux et nos espaces publics sont conçus peut grandement influencer notre sentiment de confort et de bien-être. Un aménagement qui tient compte de l'espace personnel peut améliorer la satisfaction et la productivité.

Mais que se passe-t-il lorsque nous ne pouvons pas contrôler notre espace personnel ? Dans les situations de foule ou dans les transports publics, par exemple, nous devons souvent accepter l'invasion de notre espace personnel. Comment gérons-nous ces situations, pouvons-nous nous y adapter ou sont-elles source de stress ? Edward T. Hall, dans son livre "The Hidden Dimension" (1966), explore ces questions et les implications socioculturelles de notre espace personnel.

Vous avez parcouru un long chemin, mon ami, dans cette exploration des silences et des signaux qui constituent notre communication non verbale. À chaque chapitre, à chaque page, vous développez une compétence précieuse, une nouvelle lentille à travers laquelle vous voyez le monde et comprenez les gens qui vous entourent.

Mais nous n'allons pas nous arrêter là. Dans le chapitre suivant, nous allons nous plonger dans le monde fascinant de la psychologie des vêtements et des accessoires. Saviez-vous que les vêtements que nous portons et les accessoires que nous choisissons peuvent en dire long sur qui nous sommes ? Ne manquez pas ce voyage intéressant au cours duquel nous découvrirons comment nos vêtements parlent pour nous.

N'oubliez pas que le langage corporel est une porte et que vous êtes sur le point d'en tourner la clé. Alors, respirez profondément, ouvrez votre esprit et préparez-vous pour le voyage. Vous êtes prêt ? C'est parti !

Chapitre 11 : La psychologie des vêtements et des accessoires : comment les vêtements parlent pour nous

Avez-vous déjà entendu ce vieux dicton : "les vêtements font l'homme" ? Peut-être l'avez-vous rejeté comme une vieille phrase sans fondement, mais permettez-moi, mon ami, de remettre en question cette hypothèse. Cette affirmation pourrait-elle être plus vraie que vous ne l'imaginez ?

Prenez un moment pour réfléchir à la façon dont vous choisissez votre tenue chaque matin. Choisissez-vous une chemise rouge vif parce que vous vous sentez audacieux et énergique ? Ou peut-être optez-vous pour une paire de jeans confortables et un simple t-shirt parce que vous aspirez à une journée calme et sans complication ?

Notre habillement n'est pas seulement une extension de notre personnalité, mais aussi une forme de communication non verbale. Les vêtements et les accessoires que nous choisissons sont un message au monde extérieur sur ce que nous ressentons, ce que nous sommes et ce à quoi nous tenons.

Vous êtes-vous déjà demandé pourquoi vous ressentez plus de respect pour une personne en tenue formelle que pour une personne en tenue décontractée ? Selon une série d'études menées par Albert Mehrabian en 1971, dans son livre "Silent Messages", la tenue vestimentaire peut influencer de manière significative la perception qu'ont les autres de notre compétence et de notre autorité. Par le choix de nos vêtements, nous sommes en mesure de transmettre notre statut, nos aspirations et même nos intentions.

L'importance de la tenue vestimentaire dans la communication non verbale est renforcée par les travaux de Jennifer Baumgartner, une psychologue clinicienne qui a exploré en profondeur la psychologie de l'habillement dans son livre "You Are What You Wear" (2012). Baumgartner affirme que nos choix vestimentaires peuvent révéler des détails complexes sur notre santé mentale, nos insécurités et nos ambitions.

Maintenant, je veux que vous pensiez à une personne que vous connaissez et qui s'habille toujours de manière impeccable. Imaginez que cette personne porte un jour des vêtements débraillés et mal rangés. Cela change-t-il votre perception de cette personne ? La voyez-vous différemment ?

Selon des études menées par le professeur Karen Pine dans son livre "Mind What You Wear" (2014), les vêtements peuvent même influencer notre comportement et notre humeur. Pine a constaté que lorsque les gens portent des vêtements qu'ils associent à des qualités positives, ils ont tendance à adopter ces caractéristiques dans leur comportement. Cette influence s'étend même à la manière dont nous nous percevons.

Alors, la prochaine fois que vous serez devant votre armoire, réfléchissez à ceci : quel message voulez-vous transmettre au monde aujourd'hui ?

Dans ce chapitre, nous allons nous plonger dans le monde fascinant de la psychologie de l'habillement. Nous explorerons comment nos choix de vêtements et d'accessoires peuvent influencer la perception des autres et notre propre état d'esprit. Nous révélerons le sens caché de nos choix stylistiques et nous verrons comment cette forme de communication non verbale peut être plus éloquente que les mots.

Permettez-moi, mon ami, de vous guider dans ce voyage de découverte, où nous nous pencherons sur les nuances de la communication non verbale à travers nos vêtements et nos accessoires.

Les vêtements peuvent en dire long sur les circonstances, la culture, les idéaux et même la profession d'une personne. Prenons l'exemple des médecins. L'uniforme blanc qu'ils portent leur confère non seulement une apparence professionnelle, mais véhicule également un sentiment d'hygiène et de pureté, que nous associons au domaine médical. Qu'en est-il d'un costume élégant et d'une cravate bien nouée ? Les vêtements formels tendent à transmettre un message de compétence, de sérieux et de responsabilité. Une étude réalisée en 2014 par Michael Kraus et publiée dans le Journal of Experimental Psychology a montré que les participants avaient tendance à associer les personnes habillées de manière formelle à un niveau de réussite et de richesse plus élevé.

Mais il n'y a pas que les uniformes ou les tenues de soirée qui véhiculent des messages. Nos choix quotidiens de vêtements et d'accessoires peuvent également en dire long sur qui nous sommes et comment nous nous sentons. Les vêtements que nous portons pendant notre temps libre tendent à refléter notre véritable personnalité. Vous préférez les vêtements confortables et décontractés ? Ou bien vous êtes toujours à la pointe de la mode et portez les couleurs et les styles les plus récents ? Cela pourrait indiquer que vous accordez de l'importance à la créativité et à l'expression individuelle.

Avez-vous déjà entendu parler du "phénomène du rouge à lèvres rouge" ? En période de crise économique, les ventes de rouge à lèvres rouge ont tendance à augmenter. Selon une étude réalisée en 2012 par le professeur Sarah Hill, il pourrait s'agir d'une tentative de la part des femmes d'accroître leur attractivité et leur estime de soi pendant les périodes difficiles. Par ce petit geste, les femmes peuvent envoyer un message de confiance et de résilience aux autres et à elles-mêmes.

Bien entendu, nous n'interprétons pas tous le langage vestimentaire de la même manière. La signification d'une couleur, d'un style ou d'un accessoire pour vous peut être différente de celle qu'elle a pour quelqu'un d'autre. Dans l'ouvrage "Enclothed cognition" (2012) de Hajo Adam et Adam Galinsky, ils démontrent comment les perceptions et les significations que nous attribuons à nos vêtements peuvent influencer notre comportement et notre attitude. En d'autres termes, ce ne sont pas seulement les vêtements qui communiquent avec les autres, mais aussi avec nous-mêmes.

C'est pourquoi je vous invite, cher lecteur, à réfléchir à votre style personnel et à ce qu'il révèle de vous. Vos vêtements reflètent-ils qui vous êtes et comment vous vous sentez ? Y a-t-il quelque chose que vous aimeriez changer ou améliorer dans la manière dont vous vous présentez au monde à travers votre habillement ?

Comme vous pouvez le constater, la psychologie de l'habillement est un domaine vaste et fascinant. Je vous invite à poursuivre ce voyage ensemble, en découvrant les subtilités de ce langage sans paroles que nous utilisons tous, mais que nous comprenons rarement.

Pour illustrer la puissance du langage vestimentaire, permettez-moi de vous raconter quelques histoires fascinantes.

Le blue-jean est un vêtement qui a résisté à l'épreuve du temps : saviez-vous qu'il avait été conçu à l'origine pour les mineurs lors de la ruée vers l'or en Californie, dans les années 1850 ? Levi Strauss, un immigrant allemand, a conçu ce pantalon robuste pour résister au dur labeur des mineurs. Au fil du temps, le jean est devenu un symbole de la rébellion de la jeunesse dans les années 1950, grâce à des icônes de la culture pop comme James Dean. Aujourd'hui, il fait partie de la quasi-totalité des garde-robes et constitue un choix vestimentaire synonyme de confort et de style décontracté.

Ou encore la petite robe noire, popularisée par Coco Chanel dans les années 1920. Cette robe était révolutionnaire à l'époque : elle apportait une touche audacieuse aux tenues féminines ostentatoires et ornées qui étaient la norme. La petite robe noire évoquait la sophistication, l'élégance et une sorte de beauté sans effort. Aujourd'hui, c'est un vêtement universellement accepté qui véhicule élégance et polyvalence.

En fait, Coco Chanel a été une pionnière dans l'utilisation de la mode comme forme d'émancipation féminine. Dans son livre "Dress for Success" (1975), John T. Molloy affirme que le vêtement peut être un outil de pouvoir. Il souligne que, surtout dans le monde des affaires et de la politique, les vêtements peuvent influencer la perception de l'autorité et du statut d'une personne.

Maintenant, pensez à ce que vous portez lorsque vous avez une réunion importante, un entretien d'embauche ou un rendez-vous galant. Comment choisissez-vous vos vêtements pour ces occasions ? Optez-vous pour quelque chose qui vous donne un sentiment de confiance, d'attirance ou de puissance ? Comme le souligne Molloy dans son étude, ce n'est pas un hasard si nous avons certains "uniformes" pour certaines occasions. Ces tenues font partie d'un langage commun, d'une manière de communiquer nos intentions et nos attentes aux autres.

Pour approfondir cette question, prenez un moment pour vous remémorer la dernière fois que vous avez porté votre "meilleur costume" ou votre "robe préférée". Comment vous êtes-vous senti, avez-vous remarqué des changements dans votre posture, votre attitude ou même votre façon d'interagir avec les autres ?

Cela nous amène à un phénomène appelé "enclothed cognition", un terme inventé par Adam et Galinsky dans leur étude de 2012. Selon ce concept, les vêtements que nous portons peuvent influencer nos performances et notre comportement. Par exemple, dans l'une de leurs expériences, les participants portant une blouse blanche se sont montrés plus attentifs et concentrés sur leurs tâches, simplement parce qu'ils associaient la blouse à la science et à l'attention portée aux détails.

Alors, mon ami, la prochaine fois que vous choisirez votre tenue, rappelez-vous que vous choisissez bien plus qu'un tissu et une couleur. Vous choisissez une partie essentielle de votre identité pour la journée et la façon dont vous vous présentez au monde. Les vêtements peuvent être une source de pouvoir et de confiance, une occasion d'exprimer qui vous êtes et ce que vous ressentez.

Outre les vêtements, les accessoires jouent également un rôle crucial dans notre communication non verbale. Une bague de fiançailles, par exemple, est plus qu'un simple bijou. C'est un symbole d'amour et d'engagement, un signe visible pour les autres de votre statut marital. Les lunettes peuvent suggérer l'intelligence, les tatouages peuvent exprimer la rébellion ou l'appartenance à un groupe spécifique, et les cravates peuvent communiquer le professionnalisme ou l'appartenance à une entreprise ou à une école particulière.

Quel message envoyez-vous au monde par vos choix de vêtements et d'accessoires ? Correspondent-ils à la façon dont vous voulez être perçu ? Si ce n'est pas le cas, comment pouvez-vous ajuster vos vêtements pour qu'ils reflètent mieux votre identité et vos intentions ?

Permettez-moi de vous dire ceci : les vêtements et les accessoires ne sont qu'une petite partie de l'histoire. Comme nous l'avons vu dans les chapitres précédents, votre posture, vos gestes, vos expressions faciales et votre utilisation de l'espace sont également essentiels à votre communication non verbale. Il est essentiel de prendre en compte l'ensemble de ces signaux pour obtenir une image complète de la communication non verbale.

Nous sommes arrivés à la fin de ce chapitre et je voudrais vous remercier d'avoir pris le temps d'explorer avec vous l'influence profonde que les vêtements et les accessoires peuvent avoir sur notre communication non verbale. N'hésitez pas à revenir à ce chapitre si vous avez besoin d'un rappel, ou si vous êtes confronté à un dilemme sur la façon de vous habiller pour une occasion spéciale.

Dans le prochain chapitre, nous allons explorer un phénomène fascinant : la synchronisation corporelle dans les interactions. Avez-vous déjà remarqué que les gens ont tendance à imiter les gestes et les postures des personnes avec lesquelles ils interagissent ? Ce n'est pas une coïncidence, et lors de notre prochaine rencontre, je vous montrerai comment et pourquoi cela se produit. Préparez-vous à plonger dans la danse invisible du langage corporel, une danse à laquelle nous participons tous sans même nous en rendre compte.

Êtes-vous prêt à poursuivre ce voyage fascinant vers une compréhension plus approfondie de la communication non verbale ? Êtes-vous prêt à découvrir comment nous bougeons, comment nous nous synchronisons avec les autres et ce que cela signifie pour notre vie quotidienne ? Je vous assure, mon ami, que le prochain chapitre vous ouvrira les yeux sur un aspect de l'interaction humaine que vous n'avez probablement jamais envisagé auparavant. Alors, accrochez-vous à votre siège et préparez-vous pour la prochaine étape de notre voyage. Je vous donne rendez-vous au prochain chapitre.

Chapitre 12 : Le rythme caché : la synchronisation du corps dans l'interaction

Pensez un instant à une danse. Les danseurs se déplacent en parfaite harmonie, réagissant à la musique et au rythme des autres. Bien que chacun exécute des mouvements différents, il y a une cohésion et une grâce dans leur performance qui est tout simplement hypnotique. Vous êtes-vous déjà demandé comment ils font ? Comment ils sont capables de bouger dans un synchronisme aussi parfait, même sans mots pour coordonner leurs actions ? La réponse, cher lecteur, est quelque chose que vous faites tous les jours, peut-être sans même vous en rendre compte. Vous êtes sur le point de découvrir le monde incroyable de la synchronisation corporelle dans les interactions.

En tant qu'êtres humains, nous sommes des créatures incroyablement sociales. Nous nous connectons et communiquons d'innombrables façons, souvent au-delà des mots. Rappelez-vous le chapitre 2, où nous avons exploré le vocabulaire du corps et la façon dont nos gestes et nos postures transmettent des messages puissants. Aujourd'hui, nous allons aller plus loin. Nous allons voir comment ces gestes, ces postures et même nos rythmes respiratoires peuvent se synchroniser avec les personnes avec lesquelles nous interagissons.

Oui, vous avez bien lu : notre corps peut "danser" en rythme silencieux, même dans les interactions les plus banales. Nos corps peuvent "danser" ensemble dans un rythme silencieux, même dans les interactions les plus banales. Vous êtes-vous déjà assis à côté d'un ami et vous êtes-vous surpris à balancer votre pied au même rythme que lui ? Ou peut-être avez-vous remarqué que vous respirez au même rythme que votre partenaire dans votre sommeil ? Il s'agit là d'exemples de synchronisation corporelle, un phénomène fascinant qui montre à quel point nous sommes profondément liés en tant qu'espèce.

Mais pourquoi cette synchronisation corporelle est-elle importante, que nous apprend-elle sur nos interactions et nos relations ? Et peut-être plus important encore, comment pouvez-vous utiliser cette prise de conscience pour améliorer vos compétences en matière de communication ? Il s'agit là de questions essentielles, dont les réponses pourraient vous surprendre.

Dans son étude de 1987 intitulée "Confluence in Social Influence", le psychologue social Robert B. Zajonc a observé que les couples mariés qui sont ensemble depuis de nombreuses années commencent souvent à se ressembler. Leurs manières, leurs expressions et même leur état de santé commencent à converger. Selon lui, cette synchronicité est une manifestation d'empathie, de familiarité et de liens profonds entre les personnes.

Avant d'approfondir ce rythme caché, j'aimerais que vous preniez le temps de réfléchir. Pouvez-vous vous souvenir d'un moment où vous avez fait l'expérience de cette synchronicité corporelle ? Qu'avez-vous ressenti ? Pouvez-vous identifier les émotions et les liens qui ont pu mener à cette harmonie physique ? Je vous invite à garder ces réflexions avec vous tout au long de ce chapitre. Elles peuvent vous apporter une perspective précieuse dans ce voyage de compréhension.

Comme toujours, nous ne nous contenterons pas d'observer de loin. Nous nous plongerons dans les subtilités de la synchronisation corporelle, révélant comment elle se manifeste et ce qu'elle signifie dans nos interactions quotidiennes.

Pour approfondir cette idée, nous nous penchons sur les études de William Condon, psychiatre et pionnier de l'observation de la synchronisation interpersonnelle. Dans les années 1970, Condon a mis au point une technique appelée "microanalyse", qui consistait à décomposer des enregistrements vidéo d'interactions humaines en fractions de seconde. À ce niveau de détail, Condon a remarqué quelque chose d'extraordinaire. Les personnes en conversation, même lorsqu'elles ne parlent pas, ont tendance à se déplacer en synchronisation avec le rythme de la parole de l'autre. Cette découverte, documentée dans son article de 1976 intitulé "Analysis of communicative action : modification of behavioural synchrony" (Condon & Sander, 1976), était révolutionnaire. Elle confirmait que notre communication ne se limite pas aux mots que nous prononçons, mais qu'elle s'exprime également par notre synchronisme corporel.

Mais qu'est-ce que tout cela signifie pour vous ? Peut-être plus que vous ne le pensez. La synchronisation corporelle ne se limite pas aux interactions en face à face. Au chapitre 9, nous avons exploré la manière dont le langage corporel se manifeste dans le monde numérique. De la même manière, la synchronisation peut également être pertinente dans ce contexte. Si vous avez déjà participé à un appel vidéo, vous avez probablement expérimenté ce phénomène. Vous vous retrouvez à hocher la tête au rythme des paroles de votre interlocuteur, voire à imiter ses gestes sans vous en rendre compte. Malgré la distance physique, vous êtes toujours capable de vous "synchroniser" avec l'autre personne.

Et maintenant, voici la vraie beauté de la chose. Une fois que vous êtes conscient de la synchronisation corporelle, vous pouvez l'utiliser pour améliorer vos compétences en communication. Dans son ouvrage de 2016 intitulé "Empathy as a Lifestyle : Towards a Culture of Empathy", le psychologue Daniel Goleman explique que l'empathie, c'est-à-dire la capacité à se mettre à l'écoute des sentiments d'une autre personne, est fondamentale pour nos interactions sociales. En vous mettant consciemment à l'écoute du rythme de l'autre, vous pouvez développer une plus grande empathie et une meilleure compréhension à son égard. En retour, cela peut rendre vos interactions plus significatives et plus efficaces.

Chère lectrice, cher lecteur, je vous encourage donc à expérimenter cette nouvelle conscience. La prochaine fois que vous participerez à une conversation, prêtez attention à la façon dont votre corps bouge par rapport à celui de votre interlocuteur. Comment cela change-t-il votre expérience de l'interaction ? Je vous assure que cette prise de conscience peut vous ouvrir à une nouvelle dimension de la communication, qui va au-delà des mots et entre dans le domaine du corps et du rythme.

Comme toujours, n'oubliez pas qu'il s'agit d'un parcours d'apprentissage. Si vous vous sentez dépassé, ne vous inquiétez pas. N'oubliez pas que vous apprenez une nouvelle danse et que, comme toutes les danses, il faut du temps et de la pratique pour la maîtriser.

Sachant cela, nous sommes prêts à nous pencher sur quelques exemples concrets de la manière dont cette synchronisation corporelle peut se manifester. Dans son ouvrage "Mimicry and Empathy" (2011), le psychologue Richard Cytowic examine comment la synchronisation corporelle peut nous aider à éprouver de l'empathie pour les expériences d'autrui. Grâce à cette mise en miroir des mouvements, à cette danse des gestes et des rythmes, nous pouvons comprendre les sentiments et les pensées de l'autre à un niveau plus profond.

Vous souvenez-vous de la discussion sur les couples de longue date qui commencent à se ressembler ? Dans le même ordre d'idées, il est courant de voir des amis proches ou des collègues commencer à se déplacer et à parler de la même manière. Vous pouvez même remarquer que lorsque vous passez du temps avec quelqu'un, vous commencez à adopter certaines de ses manières ou de ses façons de parler. C'est un exemple parfait de la façon dont la synchronisation corporelle peut se manifester dans la vie de tous les jours. Mais cela ne se limite pas à l'apparence. Cette synchronisation se manifeste également aux niveaux émotionnel et cognitif, ce qui renforce encore notre lien avec les autres.

Prenons un autre exemple, plus spécifique. Imaginez que vous êtes en train de mener une négociation commerciale, comme nous le verrons plus en détail au chapitre 19. Instinctivement, vous sentez une barrière. Mais au lieu de reculer, vous décidez de refléter sa posture, en croisant également les bras. Lentement, après avoir établi cette synchronisation, vous changez de posture et ouvrez les bras. Si la synchronisation a été effectivement établie, vous pouvez constater que votre interlocuteur fait de même, ce qui ouvre la porte à une communication plus ouverte et plus productive.

Mais n'oubliez pas, cher lecteur, que la synchronisation corporelle n'est pas une stratégie de manipulation. C'est un moyen de se connecter, de faire preuve d'empathie et de mieux comprendre l'autre personne. Elle doit être utilisée avec respect et conscience, et jamais pour tromper ou profiter de quelqu'un.

Comme pour toute chose, la clé réside dans la pratique. Essayez cette nouvelle perspective dans vos interactions quotidiennes. Pouvez-vous identifier des moments de synchronicité ? Pouvez-vous consciemment introduire cette harmonie dans vos conversations ? Vous serez surpris de voir à quel point cette petite prise de conscience peut changer la qualité de vos interactions.

N'oubliez pas de vous amuser au cours de ce processus. Comme je l'ai mentionné précédemment, nous apprenons une nouvelle danse. Et bien qu'elle puisse être un peu difficile au début, c'est une danse que nous sommes tous, en tant qu'êtres humains, équipés pour apprendre. N'oubliez pas que la synchronisation corporelle est un outil puissant qui nous permet de nous connecter avec les autres à un niveau plus profond. Prenez donc votre temps, respirez et appréciez la musique de l'interaction humaine. Ce n'est pas tous les jours que l'on découvre un nouveau pas dans la danse de la vie, n'est-ce pas ?

Pour terminer cette promenade dans le rythme caché de nos interactions, j'aimerais que nous réfléchissions un peu. Pensez à toutes les conversations que vous avez eues, à toutes les rencontres que vous avez vécues et à toutes les relations que vous avez nouées. Maintenant, allez au-delà des mots et regardez la danse - remarquez-vous quelque chose de différent, pouvez-vous voir la beauté dans ces moments subtils de synchronicité, le pouls de la connexion humaine ?

En réfléchissant, pensez aussi aux moments où vous vous êtes sentis désynchronisés. Avez-vous eu des conversations qui vous ont semblé déconnectées ou maladroites ? Rétrospectivement, il est possible que vous ayez manqué de rythme, comme un danseur qui aurait perdu la cadence. Mais ne vous inquiétez pas, il n'y a pas de jugement ici, seulement un apprentissage.

Rappelez-vous ce que nous avons dit à propos du célèbre psychologue William Condon et de sa fascinante étude "Synchrony : A Basic Principle of Nonverbal Communication" (1980). Nous dansons tous ensemble, même si nous n'en sommes pas toujours conscients. En nous ouvrant à cette nouvelle perspective, nous avons la possibilité de devenir de meilleurs danseurs dans la chorégraphie de notre vie.

La prochaine fois que vous participerez à une conversation, je vous invite à observer, à être présent et à danser. Établissez cette synchronicité, sentez le rythme caché et connectez-vous. Vous verrez la qualité de vos interactions changer.

Et comme toujours, mon ami, ne laissez pas ces connaissances rester dans ces pages. Emportez-les avec vous, appliquez-les et dansez votre danse de la synchronicité avec le monde. Vous avez la capacité de transformer non seulement vos interactions, mais aussi vos relations et, par conséquent, votre vie.

J'ai hâte que vous découvriez ce que nous vous réservons dans le prochain chapitre, "Au-delà des sourires : L'authenticité des expressions faciales". Vous êtes-vous déjà demandé si le sourire d'une personne était authentique ou faux ? Comment pouvons-nous lire les émotions profondes qui se cachent derrière une expression faciale ? Je vous assure qu'il s'agira d'un voyage fascinant dans la véritable essence de la communication humaine, un voyage que vous ne voudrez pas manquer.

En attendant, continuez à danser, à vous connecter, à grandir. Je vous donne rendez-vous au prochain chapitre, cher lecteur.

Chapitre 13 : Au-delà des sourires : L'authenticité des expressions faciales

Vous êtes-vous déjà trouvé dans une situation où vous ne savez pas si un sourire est sincère ou forcé ? Nous avons tous été confrontés à ce dilemme. Le sourire, l'un des gestes les plus universels et les plus courants, peut être à la fois révélateur et trompeur. Cependant, apprendre à différencier un vrai sourire d'un faux peut s'avérer une compétence inestimable dans votre arsenal de communication non verbale.

Pour comprendre pourquoi c'est si important, considérons un instant ce que représente un sourire. Dans sa forme la plus pure, le sourire est un symbole de joie, de bonheur, de satisfaction. Un sourire authentique peut illuminer une pièce, soulager la tension et relier les gens de manière surprenante. Mais, comme tout outil de communication, il peut être utilisé pour dissimuler, cacher, manipuler. Dans ce chapitre, nous apprendrons à déchiffrer la vérité qui se cache derrière les sourires.

Rappelez-vous le chapitre 6 : "Déchiffrer les micro-expressions : La vérité cachée en une fraction de seconde". Nous y avons discuté de la fugacité des micro-expressions et de la manière dont elles peuvent révéler nos véritables émotions. Les sourires ne font pas exception. Lorsque nous apprenons à lire au-delà des sourires, nous pouvons découvrir des vérités cachées, améliorer nos relations et, en fin de compte, notre compréhension des émotions humaines.

En 1862, le célèbre neurologue français Guillaume Duchenne a publié son ouvrage "La Mécanique de la Physionomie Humaine", dans lequel il décrit deux types de sourires différents. Duchenne a découvert qu'un sourire authentique implique non seulement les muscles autour de la bouche, mais aussi ceux autour des yeux. Ce sourire, qui porte désormais son nom de "sourire de Duchenne", est considéré comme le sourire authentique, celui qui reflète le vrai bonheur.

En revanche, les sourires qui n'impliquent que les muscles de la bouche, sans la participation des yeux, sont généralement considérés comme moins authentiques, parfois forcés ou même faux. Ce sont les sourires "polis", que nous offrons parfois par politesse sociale ou pour cacher nos vrais sentiments.

Pensez-vous aux derniers sourires que vous avez vus, mon ami, et vous demandez-vous combien d'entre eux étaient sincères et combien étaient peut-être des sourires de politesse ?

Tout au long de ce chapitre, nous explorerons ces concepts, nous apprendrons à distinguer les différents types de sourires et nous nous pencherons sur la science des expressions faciales. Nous développerons un regard plus aiguisé et une meilleure compréhension des subtilités de la communication non verbale. Nous apprendrons à voir au-delà des sourires.

Êtes-vous prêt à découvrir la vérité cachée derrière les sourires, à mieux comprendre les gens et à améliorer vos interactions ?

Nous poursuivons notre voyage dans les arcanes de la communication non verbale. Vous savez maintenant que le sourire est bien plus qu'une simple courbe du visage, c'est un univers de significations que, en bon détective du comportement humain, vous êtes prêt à décrypter.

Il est essentiel de comprendre que notre cerveau est extraordinairement doué pour reconnaître les différences entre un sourire authentique et un faux sourire. Avez-vous déjà remarqué que vous vous méfiez instinctivement lorsque quelqu'un vous sourit, mais que quelque chose ne colle pas ? C'est votre cerveau qui est à l'œuvre et qui détecte l'écart entre ce que vous voyez et ce que vous ressentez.

Pour approfondir ce sujet, nous nous tournons vers les recherches fascinantes du Dr Paul Ekman, pionnier de l'étude des émotions et de leur relation avec les expressions faciales. Dans son livre "Emotions Revealed" (2003), Ekman a mis au point un système permettant d'identifier et de mesurer les émotions par le biais de micro-expressions, celles qui se produisent en quelques fractions de seconde et qui révèlent souvent nos véritables sentiments, même lorsque nous essayons de les dissimuler.

Ekman a découvert que lorsque nous sommes sincèrement heureux et que nous sourions sincèrement, non seulement les muscles autour de la bouche (le "zygomaticus major", pour être précis) sont activés, mais aussi un petit muscle autour des yeux appelé "orbicularis oculi". Ce dernier est difficile à contrôler consciemment, ce qui fait de son activation un indicateur assez fiable de l'émotion authentique.

Mais que se passe-t-il lorsque le sourire n'est pas authentique ? Selon Ekman, dans un faux sourire, seuls les muscles autour de la bouche sont activés. Les yeux ne sont pas impliqués dans l'acte et peuvent même parfois montrer des signes d'émotions négatives. C'est comme si notre visage avait la capacité de raconter deux histoires en même temps.

Pensez maintenant à cette personne dans votre vie qui semble toujours avoir le sourire aux lèvres. Ce sourire est-il toujours authentique ou se pourrait-il qu'elle cache parfois d'autres émotions derrière ce masque de bonheur ? Alors que nous approfondissons ce sujet fascinant, je vous encourage à garder l'esprit ouvert et curieux.

Cela ne signifie pas pour autant que vous devez commencer à vous méfier de tous les sourires que vous rencontrez. Au contraire, considérez ces connaissances comme un outil vous permettant de mieux comprendre les gens, de communiquer plus efficacement et avec plus d'empathie. N'oubliez pas qu'en fin de compte, nous sommes tous humains, nous avons tous des émotions et nous les exprimons tous à notre manière. Comprendre les subtilités de ces expressions est un pas vers plus de compréhension et d'empathie envers les autres.

Avançons ensemble dans ce passionnant voyage de découverte. Êtes-vous prêt à aller plus loin ?

Je suis heureux que tu sois encore là avec moi, mon ami. Nous allons commencer à décrypter la magie qui se cache derrière l'authenticité des expressions faciales à l'aide d'un exemple concret. Imaginez que vous vous trouviez à une fête. Votre ami vous présente quelqu'un de nouveau, disons qu'il s'appelle Daniel. Daniel vous serre la main et sourit, mais ce sourire est-il authentique ou cache-t-il quelque chose ? Vous avez maintenant les outils pour commencer à le découvrir.

Le sourire de Daniel est amical, ses lèvres se retroussent vers le haut, montrant ses dents. Mais ses yeux sourient-ils aussi, sont-ils plissés aux coins, ce qui indique l'activation du muscle orbicularis oculi ? Si c'est le cas, vous pouvez être certain que le sourire de Daniel est authentique. En revanche, si ses yeux restent neutres ou montrent même des signes de tension, il est possible que le sourire de Daniel soit davantage une marque de courtoisie sociale que le reflet d'une joie ou d'une affection véritables.

Cette idée d'analyser les sourires est soutenue par la théorie de la "dissonance faciale", que le Dr Leanne ten Brinke, experte en comportement humain, a abordée dans son étude de 2014. La dissonance faciale se produit lorsque différentes parties du visage expriment des émotions différentes, voire contradictoires. Vous pouvez voir quelqu'un qui sourit avec sa bouche, mais dont les yeux sont pleins de tristesse. Avez-vous déjà ressenti cela ?

Je vous invite à faire une petite pause. Fermez les yeux et pensez à un moment où vous avez affiché un faux sourire. Vous souvenez-vous de ce que vous avez ressenti ? Vous souvenez-vous de la tension sur votre visage, du décalage entre ce que vous ressentiez et ce que vous montriez ? Cet exemple montre que nous pouvons tous, de temps en temps, utiliser nos expressions faciales pour cacher ce que nous ressentons vraiment.

Mais, pour en revenir à la fête, vous constaterez que cette connaissance vous donne une plus grande profondeur dans vos interactions. Elle vous fournit un outil pour identifier le malaise éventuel de Daniel et vous offre la possibilité d'ouvrir un espace de compréhension et d'empathie.

Comme vous, nous nous cachons tous parfois derrière nos sourires. S'en souvenir peut vous aider à créer un environnement plus compatissant et plus compréhensif, à la fois pour vous et pour les autres.

Alors, prêt à poursuivre l'apprentissage ? Poursuivons ce voyage passionnant.

Bien sûr, toutes les expressions faciales ne sont pas aussi faciles à décrypter qu'un sourire. Il en existe d'autres, plus subtiles, qui peuvent révéler une multitude d'émotions et de pensées. Mais ne vous inquiétez pas, vous êtes sur la bonne voie. N'oubliez pas que cette capacité à décoder les expressions faciales authentiques ne s'acquiert pas du jour au lendemain. Il faut de la patience, de la pratique et surtout de la curiosité. Gardez donc cette étincelle d'intérêt, cette soif d'apprendre, car c'est ce qui vous fera avancer.

Et si je vous disais que chaque visage que vous rencontrez et chaque visage que vous voyez est comme un livre en soi, qui attend d'être lu ? Paul Ekman, dans son ouvrage "Telling Lies" (1985), a proposé que les micro-expressions, ces minuscules mouvements du visage, presque imperceptibles, puissent être révélateurs d'émotions cachées. Je vous assure, cher lecteur, que c'est un sujet passionnant, mais nous le laisserons pour un autre chapitre. Ici, en ce moment, je vous invite à continuer à vous concentrer sur les sourires, les rires, les larmes et toutes les merveilleuses expressions qui font de chaque visage un univers d'émotions.

Vous vous demandez peut-être comment pratiquer cette compétence ? Eh bien, le monde est votre scène. Chaque conversation, chaque rencontre, même chaque film ou série que vous regardez, peut être l'occasion de perfectionner votre lecture des expressions faciales. Alors, sortez et explorez. Entraînez-vous. Apprenez. Et surtout, profitez de ce merveilleux voyage de découverte.

Et maintenant, mon ami, il est temps de clore ce chapitre et d'ouvrir le suivant. Dans le chapitre 14, nous explorerons ensemble un concept fascinant : "L'énergie invisible : comment l'atmosphère modifie la communication". Vous est-il déjà arrivé d'entrer dans une pièce et de sentir un changement dans l'atmosphère ? Ou avez-vous remarqué comment l'énergie d'une personne peut affecter tout un groupe ? Préparez-vous à plonger dans le monde fascinant de l'énergie invisible et de son interaction avec le langage corporel. Je vous assure que ce sera un voyage que vous n'oublierez pas. Alors, es-tu prêt à aller de l'avant, es-tu prêt à en découvrir davantage sur l'énigme qu'est la communication humaine ? Jusqu'au prochain chapitre, mon ami !

Chapitre 14 : L'énergie invisible : comment l'atmosphère modifie la communication

Vous est-il déjà arrivé d'entrer dans un lieu et de vous sentir soudainement lourd, comme si l'air de la pièce était chargé d'électricité statique ? Ou, au contraire, êtes-vous déjà entré dans un espace et vous êtes-vous senti instantanément soulagé, comme si une douce brise vous enveloppait et vous donnait l'impression d'être chez vous ? C'est ce que nous appelons "l'énergie invisible", un phénomène fascinant et intangible qui, bien qu'il ne puisse être vu ou touché, a un impact significatif sur notre communication et nos interactions.

Nous sommes constamment entourés d'énergie, sous une forme ou une autre. Même dans le calme le plus absolu, l'énergie est présente, invisible, elle circule en nous et autour de nous. L'énergie de nos émotions, de nos pensées, de nos actions et de nos paroles influence l'atmosphère qui nous entoure. Mais comment cela est-il possible ? Comment l'énergie invisible peut-elle changer notre façon de communiquer ?

L'énergie invisible est un concept qui a été exploré dans diverses disciplines, de la psychologie à la physique quantique. Il ne s'agit pas d'un sujet nouveau, mais d'un phénomène qui fascine l'homme depuis des temps immémoriaux. Les philosophes grecs de l'Antiquité parlaient déjà de l'énergie en termes d'"éther", une substance impalpable qui imprègne l'univers et constitue le support de propagation de la lumière et de la chaleur.

Dans son livre "The Field" (2002), Lynne McTaggart examine la science qui sous-tend l'énergie invisible ou, comme elle l'appelle, "le champ". Elle affirme que nous sommes tous reliés par un champ d'énergie qui imprègne l'univers et que ce champ est influencé par nos pensées et nos émotions. N'est-ce pas fascinant ?

Mais revenons à notre thème central, la communication. Avez-vous déjà remarqué que l'énergie d'une personne peut changer toute la dynamique d'une conversation ? Imaginez que vous êtes en réunion et que tout se passe bien, jusqu'à ce qu'entre une personne qui a manifestement passé une mauvaise journée. Vous pouvez sentir le changement d'énergie, n'est-ce pas ? Même si cette personne ne dit pas un mot sur ce qu'elle ressent, son énergie filtre et affecte toutes les personnes présentes.

Qu'est-ce que cela signifie pour vous, en tant qu'expert de la lecture du langage corporel et de la communication non verbale ? Cela signifie que vous disposez d'un autre niveau d'information. En apprenant à sentir et à interpréter l'énergie invisible, vous pouvez mieux comprendre les personnes avec lesquelles vous interagissez.

Dans ce chapitre, nous allons explorer ensemble ce phénomène fascinant. Nous allons nous plonger dans la science de l'énergie invisible, comprendre comment elle affecte notre communication et découvrir comment vous pouvez utiliser ces connaissances pour améliorer vos compétences en matière de lecture du langage corporel. Êtes-vous prêt à vous embarquer dans ce voyage avec moi ? Alors commençons.

Parlons maintenant un peu plus de la façon dont l'énergie invisible fonctionne dans nos interactions quotidiennes. Avez-vous déjà remarqué comment vous vous sentez après avoir passé du temps avec certaines personnes ? Certaines vous laissent un sentiment de recharge et d'énergie, tandis que d'autres vous laissent un sentiment d'épuisement. Cela est dû au transfert d'énergie qui se produit lorsque nous interagissons avec les autres.

Dans leur livre "Boundless Energy" (2007), Tony Schwartz et Jim Loehr examinent comment les interactions humaines peuvent être considérées comme des échanges d'énergie. Selon eux, chaque interaction que nous avons, qu'elle soit positive ou négative, affecte notre propre énergie. Ainsi, les personnes qui dégagent une énergie positive peuvent nous recharger, tandis que celles qui émanent constamment de la négativité peuvent nous drainer.

Il est important de mentionner que l'énergie que nous ressentons lors d'une interaction ne provient pas uniquement des personnes avec lesquelles nous interagissons. L'environnement joue également un rôle important. Les lieux chargés d'histoire et d'émotion, tels qu'un ancien champ de bataille ou un bâtiment historique, peuvent susciter des sentiments forts en raison de l'énergie résiduelle qui s'y est accumulée au fil du temps.

L'énergie que nous apportons à une interaction est également importante. Si vous passez une journée stressante, il est probable que vous projetiez une énergie négative, même si vous n'en êtes pas conscient. Cela peut affecter la façon dont les autres vous perçoivent et vous répondent.

Mais que pouvez-vous faire de ces informations ? Comme toujours, la première étape est la prise de conscience. En prenant conscience de la manière dont l'énergie invisible affecte vos interactions, vous pouvez commencer à gérer et à contrôler votre propre énergie.

Un exemple pratique pourrait être d'apprendre à se protéger de l'énergie négative. Il ne s'agit pas d'éviter complètement les personnes négatives (bien que cela puisse parfois être utile), mais d'apprendre à ne pas être affecté par leur énergie. C'est un sujet que nous explorons en profondeur au chapitre 16 "Les barrières invisibles : identifier et gérer les signaux défensifs".

D'autre part, vous pouvez vous efforcer de cultiver et de projeter une énergie positive. Non seulement cela vous sera bénéfique, mais cela aura également un effet positif sur les personnes qui vous entourent. Après tout, l'énergie positive est contagieuse.

L'énergie invisible peut sembler un concept abstrait, mais ses effets sont bien réels. En apprenant à comprendre et à gérer l'énergie, vous pouvez améliorer vos compétences en matière de communication et transformer vos interactions de manière significative.

Et comment pouvons-nous le faire ? C'est ce que nous allons explorer dans la section suivante. Alors, restez curieux, gardez l'esprit ouvert et continuons. Vous me suivez ? Allez, lisez la suite. Il y a tant de choses à découvrir ensemble.

Avez-vous entendu parler du concept de miroir dans les interactions sociales ? Il s'agit d'un moyen puissant de se connecter à l'énergie d'une autre personne. Cette technique, profondément ancrée dans la psychologie, consiste à refléter consciemment les gestes, les postures, les expressions et le rythme vocal d'une autre personne afin de créer un sentiment de syntonie et de compréhension.

La prochaine fois que vous assisterez à une réunion ou à un événement social, observez les personnes qui semblent vraiment connectées. Vous remarquerez probablement qu'elles reflètent le langage corporel de l'autre. L'une d'entre elles croisera peut-être les jambes et l'autre fera de même peu après. Ou encore, l'un se penche vers l'avant et l'autre suit son mouvement. Il s'agit d'une danse invisible mais puissante qui se produit dans nos interactions quotidiennes. Toutefois, nous devons éviter de tomber dans l'imitation, que nous abordons au chapitre 15 "Laisser parler son corps : créer une communication non verbale efficace".

Le célèbre psychologue social Albert Mehrabian, dans son livre "Silent Messages" (1971), suggère que ces signaux non verbaux représentent 93% de la communication totale dans une interaction face à face. Imaginez le pouvoir qui se cache derrière le contrôle conscient de ce type de communication !

Cela devient encore plus intéressant lorsque nous appliquons la notion de "miroir" au concept d'énergie invisible. Pensez à l'énergie positive comme à une posture corporelle ou à un geste et essayez de "refléter" cette énergie lorsque vous interagissez avec d'autres personnes. Comment vous sentiriez-vous ? Comment cela changerait-il la dynamique de la conversation ?

Pour illustrer cela, laissez-moi vous raconter une petite histoire. Il était une fois un homme nommé Jean, chef d'équipe dans une grande entreprise. John était connu pour son sérieux et sa rigidité. Bien qu'il soit respecté, son équipe se sentait souvent tendue et stressée à ses côtés.

Un jour, John a assisté à un séminaire sur l'énergie et la communication au cours duquel il a découvert le pouvoir de l'énergie invisible et la manière dont elle pouvait affecter ses interactions avec son équipe. Il a décidé de mettre en pratique ce qu'il avait appris, en commençant par prendre conscience de l'énergie qu'il projetait.

Au début, ce fut un défi. John se sentait souvent stressé et tendu, et cette énergie se reflétait dans son équipe. Mais au fil du temps, il s'est efforcé de projeter une énergie plus positive et plus détendue. Il a commencé à sourire davantage, à faire des pauses de méditation au cours de la journée et même à partager des plaisanteries avec son équipe.

Peu à peu, il a remarqué un changement. L'atmosphère au sein de son équipe a commencé à s'alléger. Les réunions n'étaient plus aussi tendues et son équipe semblait plus détendue et plus heureuse. Ils ont même commencé à être plus productifs. Tout cela grâce à un changement dans l'énergie que John projetait.

Voyez-vous le pouvoir de cette énergie invisible ? Cette histoire peut sembler simple, mais elle exprime une vérité profonde sur le pouvoir de l'énergie dans la communication. Comme Jean, nous projetons tous, intentionnellement ou non, une certaine énergie qui a un impact significatif sur la façon dont les autres nous perçoivent et sur nos relations avec eux.

La communication, après tout, c'est bien plus que des mots. C'est l'énergie qui se cache derrière ces mots, l'énergie qui est canalisée par nos expressions faciales, nos gestes, le ton de notre voix et même la façon dont nous occupons un espace. La compréhension et la manipulation consciente de cette énergie peuvent ouvrir de nouvelles formes de connexion et de compréhension.

L'auteur et conférencier Tony Robbins, dans son livre "Unleash Your Unlimited Power" (1991), souligne l'importance d'être conscient de l'énergie que l'on projette et la façon dont elle peut influencer nos relations et l'efficacité de notre communication. Avez-vous déjà rencontré quelqu'un et ressenti un élan de positivité, avant même que la personne ne prononce un seul mot ? C'est le pouvoir de l'énergie invisible en action.

Vous est-il déjà arrivé, en entrant dans une pièce, de ressentir une atmosphère pesante ou, au contraire, une énergie légère et joyeuse ? Il s'agit là aussi de l'énergie invisible en jeu. N'oubliez pas que l'énergie ne se limite pas aux personnes, elle imprègne également les lieux et les objets.

Ainsi, cher lecteur, au cours de ce voyage dans le monde mystérieux de l'énergie invisible, nous avons découvert certains des secrets qui sous-tendent les interactions humaines. Mais il reste encore beaucoup à découvrir. Nous en sommes venus à comprendre comment l'énergie affecte nos relations et comment sa manipulation consciente peut changer notre vie.

Êtes-vous prêt à vous plonger dans le monde mystérieux de la communication non verbale ? Dans le prochain chapitre, nous allons apprendre à parler sans dire un mot, à communiquer par le biais de notre corps. "Laissez parler votre corps : créer une communication non verbale efficace" est le titre du prochain chapitre, un voyage à travers la création et la compréhension de la communication la plus authentique et la plus sincère qui soit.

Laissez-moi vous dire à l'avance que nous allons nous plonger dans l'art du langage corporel. Nous allons apprendre comment nous pouvons en dire beaucoup sans prononcer un seul mot et comment cette compétence peut améliorer nos relations et notre vie en général. Êtes-vous prêt pour ce voyage ? Je vous assure qu'il sera fascinant.

Chapitre 15 : Laissez votre corps parler : créer une communication non verbale efficace

Cher lecteur, avez-vous déjà ressenti cette connexion immédiate et magique avec une personne que vous venez de rencontrer ? Ou peut-être avez-vous ressenti une gêne soudaine, alors que la conversation semblait bien se dérouler ? Ces sensations intenses et sans paroles témoignent du pouvoir de la communication non verbale. C'est notre corps qui parle, bien avant que notre esprit n'ait la possibilité de formuler un seul mot.

La communication non verbale est un langage universel que nous comprenons tous intuitivement. C'est le langage que nous parlons quand nous sommes sans voix, quand nous sommes émus, quand nous sommes surpris, quand nous sommes excités. C'est le langage que nous préférons parfois ignorer, mais qui est toujours là, véhiculant plus d'informations que nous ne pourrions jamais exprimer avec des mots.

Aujourd'hui, cher lecteur, je vous invite à partir à la découverte de ce langage fascinant et puissant. Vous allez découvrir comment faire parler votre corps de manière plus efficace et plus authentique. Vous allez comprendre comment votre langage corporel peut enrichir votre communication et renforcer vos relations.

Mais avant d'entamer ce voyage passionnant, permettez-moi de vous poser une question : que pensez-vous savoir de votre propre communication non verbale ? Êtes-vous conscient des messages que vous envoyez en permanence par l'intermédiaire de votre corps ?

Notre communication non verbale ne se limite pas à nos gestes ou à nos expressions faciales. C'est aussi la façon dont nous nous déplaçons, dont nous occupons l'espace, dont nous touchons les autres, dont nous nous habillons. Chacun de ces éléments communique quelque chose sur nous, nos sentiments, nos intentions, voire nos croyances et nos valeurs.

Peut-être vous demandez-vous maintenant : "Mais comment puis-je améliorer ma communication non verbale ? Comment puis-je faire parler mon corps plus efficacement ?". Eh bien, cher lecteur, laissez-moi vous dire que vous êtes sur le point de le découvrir. La première clé pour améliorer notre communication non verbale est d'en être conscient. C'est vrai, la prise de conscience est le premier pas vers l'amélioration.

Dans la vie de tous les jours, nous nous arrêtons rarement pour réfléchir à ce que nous dit notre corps. Mais la vérité est que, même lorsque nous n'en sommes pas conscients, notre corps communique en permanence. Par conséquent, en commençant à prêter davantage attention à notre communication non verbale, nous pouvons commencer à mieux la contrôler, à l'utiliser plus efficacement pour exprimer ce que nous voulons vraiment dire.

Alors, mon ami, je t'encourage à commencer à prendre conscience de ton propre langage corporel. Regardez comment vous bougez, comment vous vous asseyez, comment vous vous tenez debout, faites attention à vos gestes, à vos expressions faciales. Faites attention à vos gestes, à vos expressions faciales. Que pensez-vous qu'ils disent de vous ?

N'oubliez pas qu'à chaque fois que vous interagissez avec quelqu'un, vous avez une conversation non verbale en plus de la conversation verbale. La communication non verbale est le fondement de notre interaction avec les autres. Par conséquent, être capable de parler efficacement avec son corps peut faire une grande différence dans la façon dont les autres vous perçoivent, dans la façon dont vous vous sentez dans vos relations, dans la façon dont vous interagissez avec le monde qui vous entoure.

Vous vous demandez peut-être comment prendre conscience de votre communication non verbale. Eh bien, c'est peut-être plus simple que vous ne le pensez. Comme l'explique Joe Navarro dans son livre "What Every Body is Saying" (2008), l'une des solutions consiste à prêter attention à votre corps et à ses réactions dans différentes situations. Par exemple, comment vous sentez-vous lorsque vous êtes détendu ? Comment votre corps se sent-il lorsque vous êtes nerveux ? Comment votre posture change-t-elle lorsque vous avez confiance en vous ? Ces observations peuvent vous aider à mieux comprendre votre propre langage corporel et donc à mieux le contrôler.

De plus, comme le souligne Paul Ekman dans "Unmasking the Face" (1975), un autre aspect fondamental de notre communication non verbale est constitué par nos expressions faciales. En fait, nos visages peuvent être de véritables miroirs de nos émotions. Par conséquent, apprendre à contrôler nos expressions faciales peut être un moyen efficace d'améliorer notre communication non verbale.

Bien entendu, l'amélioration de notre communication non verbale ne se fait pas du jour au lendemain. Il faut du temps, de la pratique et, surtout, de la conscience. Mais ne vous inquiétez pas, mon ami. Dans ce chapitre, je vous accompagnerai à chaque étape de ce voyage. Je vous fournirai les outils dont vous avez besoin pour que votre corps s'exprime de manière plus efficace et plus authentique.

Alors, êtes-vous prêt à commencer à explorer ce monde fascinant de la communication non verbale ? Êtes-vous prêt à découvrir comment vous pouvez faire parler votre corps de manière plus authentique et plus efficace ? Êtes-vous prêt à devenir un communicateur plus conscient et plus puissant ?

N'oubliez pas, cher lecteur, que la communication non verbale est un langage universel que nous comprenons tous intuitivement. Et, comme pour toute langue, plus nous la pratiquons, mieux nous la parlons. Je vous invite donc à vous lancer dans ce voyage passionnant de découverte de soi et de croissance. Laissez-moi vous accompagner dans ce voyage vers une communication non verbale plus efficace et plus authentique. Êtes-vous prêt ? Commençons.

Maintenant que vous avez décidé de participer à cette aventure d'exploration du langage non verbal, voyons comment vous pouvez commencer à utiliser votre corps pour communiquer plus efficacement. Comme je l'ai mentionné précédemment, tout commence par la prise de conscience de son propre corps et de son langage.

Pensez aux fois où, lors d'une réunion ou d'une conversation, vous vous êtes surpris à croiser les bras. Vous souvenez-vous de ce que vous avez ressenti à ce moment-là ? Sur la défensive, peut-être ? Mal à l'aise ou anxieux ? Il s'agit d'une posture courante lorsque nous nous sentons sur la défensive ou fermés à la conversation. Comme le mentionne Desmond Morris dans "The Naked Ape" (1967), c'est une façon de se protéger, de mettre une barrière entre nous et la personne ou la situation qui nous met mal à l'aise. Et si, au lieu de cela, vous décidiez d'ouvrir votre corps, de baisser les bras, voire de poser vos mains sur la table ou sur vos jambes ? Vous commenceriez probablement à vous sentir un peu plus ouvert, plus détendu et plus réceptif. Et croyez-moi, les autres le remarqueront.

Qu'en est-il de nos expressions faciales ? Comme l'a mentionné Paul Ekman, nos visages peuvent être le miroir de nos émotions. Mais ils peuvent aussi être un outil puissant pour influencer nos émotions et celles des autres. Pensez à la dernière fois que vous avez souri. Comment vous êtes-vous senti ? Vous vous êtes probablement senti plus heureux, plus léger. Et je suis sûr que les gens autour de vous ont également remarqué ce changement. C'est ce qu'Ekman appelle le "feedback facial". Nos expressions faciales ne reflètent pas seulement nos émotions, elles peuvent aussi les influencer. Ainsi, la prochaine fois que vous vous trouverez dans une situation tendue ou inconfortable, essayez de sourire. Vous serez peut-être surpris de voir à quel point cela peut changer votre humeur et celle des autres.

Ce ne sont là que quelques exemples de la manière dont vous pouvez commencer à utiliser votre corps pour améliorer votre communication. Mais, bien sûr, il existe de nombreuses autres techniques et stratégies que vous pouvez apprendre. Et ne vous inquiétez pas, je suis là pour vous guider à chaque étape.

Êtes-vous prêt à continuer, à vous plonger dans le monde merveilleux de la communication non verbale, à prendre le contrôle de votre corps et à le faire parler pour vous d'une manière plus efficace et plus authentique ? Si c'est le cas, allez-y. Je vous promets que ce sera un voyage fascinant et transformateur. Et, comme toujours, je suis là pour vous accompagner. Allez, mon ami, poursuivons ensemble cet incroyable voyage.

C'est alors qu'entre en jeu l'authenticité, une composante essentielle d'une communication non verbale efficace. Comme le décrit Brené Brown dans son livre "The Gifts of Imperfection" (2010), être authentique signifie permettre à notre véritable personnalité de se refléter dans nos actions et nos paroles. Cela inclut également notre langage corporel. Autorisez-vous à être vous-même. Vous, dans toute votre magnificence, avec vos vertus et vos défauts. Vous, dans votre essence pure et non filtrée.

Vous souvenez-vous des micro-expressions dont nous avons parlé au chapitre 6 ? Ces expressions qui durent une fraction de seconde et qui révèlent notre véritable émotion. Imaginez maintenant qu'au lieu d'essayer de cacher vos émotions, vous les laissiez couler naturellement, en permettant à votre visage, à votre corps, à toute votre essence, de refléter ce que vous ressentez vraiment. N'est-ce pas libérateur ? N'est-ce pas un sentiment d'authenticité et de vérité ?

Permettez-moi de vous rappeler quelque chose d'important. Vous êtes sur la voie de la découverte de soi et de la croissance. Il n'y a pas de "bien" ou de "mal" dans ce voyage. Il n'y a que l'apprentissage, l'évolution et, surtout, l'authenticité. En fait, comme l'a dit Carl Rogers dans

"Devenir une personne" (1961), l'une des étapes les plus importantes du développement personnel est d'accepter et d'exprimer nos émotions et nos pensées véritables.

En résumé, dans ce chapitre, nous avons parlé de la façon dont vous pouvez faire parler votre corps de manière plus efficace et plus authentique. Nous avons abordé l'importance de la conscience corporelle, de la posture, des expressions faciales et de l'authenticité. J'espère que ces idées vous inciteront à explorer davantage le monde fascinant de la communication non verbale et à améliorer votre propre capacité à communiquer sans mots.

Comme je l'ai déjà dit, je suis à vos côtés à chaque étape du processus. Ensemble, nous allons découvrir de nouvelles façons de comprendre et d'utiliser le langage corporel. Et je vous promets que ce voyage sera aussi passionnant que révélateur.

Dans le prochain chapitre, nous explorerons un aspect très intéressant et parfois difficile de la communication non verbale : les signaux défensifs. Je vous aiderai à comprendre pourquoi ils se produisent, comment vous pouvez les identifier et comment les traiter efficacement. Êtes-vous prêt pour cette nouvelle aventure ? Êtes-vous enthousiaste à l'idée des nouvelles compétences et connaissances que vous allez acquérir ? Je vous assure que le jeu en vaut la chandelle. Alors, venez avec moi. Découvrons ensemble les barrières invisibles de la communication non verbale.

Chapitre 16 : Barrières invisibles : identifier et gérer les signaux défensifs

Je devine ce que vous pensez. "Les barrières invisibles, qu'est-ce que c'est ? Et comment les voir si elles sont invisibles ? Ah, cher lecteur, c'est exactement ce que nous allons découvrir.

Parmi toutes les compétences que nous vous avons aidé à développer jusqu'à présent, l'une des plus importantes est la capacité à lire le langage corporel défensif. En effet, lorsqu'une personne se met sur la défensive, des barrières invisibles se dressent entre elle et les autres. Et bien que ces barrières soient invisibles à l'œil nu, elles sont absolument perceptibles si vous savez comment lire le langage corporel.

Dans ce chapitre, nous vous aiderons à découvrir ces barrières invisibles et nous vous donnerons les outils pour y faire face. Nous vous apprendrons à repérer les signaux de défense et à en comprendre la signification. Nous vous montrerons comment surmonter ces barrières pour améliorer vos relations et votre capacité à communiquer efficacement.

Tout d'abord, pourquoi est-il important de comprendre le langage corporel défensif ? Ces signaux peuvent indiquer une variété d'émotions et de pensées sous-jacentes. Il peut s'agir de peur, d'insécurité, de méfiance, de frustration, de colère ou même de l'intention de mentir ou de tromper. Lorsqu'une personne se met sur la défensive, cela peut être le signe qu'elle se sent menacée ou incomprise. Si vous parvenez à identifier ces signaux, vous avez la possibilité de réagir de manière à soulager la tension et à ouvrir la voie à une communication plus efficace.

Reconnaître les signaux défensifs est particulièrement important dans les situations de conflit ou de négociation. Dans ces situations, il est fréquent que les gens se mettent sur la défensive. Si vous savez lire ces signaux, vous aurez un avantage pour comprendre ce que l'autre personne ressent réellement, même si elle ne l'exprime pas verbalement.

Mais quelle est la forme de ces barrières invisibles et à quoi ressemblent-elles ? Comme toutes les formes de langage corporel, les signaux défensifs peuvent prendre diverses formes. Il peut s'agir de postures fermées, comme croiser les bras ou les jambes, éviter le contact visuel, hausser les épaules, se frotter la nuque, etc.

Vous souvenez-vous d'Allan Pease, l'auteur de "The Definitive Book of Body Language" (2004) ? Dans son livre, il explique que lorsque les gens sont sur la défensive, ils ont tendance à protéger leurs parties vitales et à se rapetisser. Souvent, cela implique de pencher le corps vers l'avant, comme si l'on essayait de se protéger d'une attaque.

Ce n'est pas le moment de juger ou de faire des suppositions hâtives, mais plutôt de faire une pause, d'observer et de réfléchir. C'est plutôt le moment de faire une pause, d'observer et de réfléchir. Percevez-vous l'un de ces signaux défensifs chez les personnes qui vous entourent ? Ou peut-être même en vous-même ? Si oui, qu'est-ce que ces signaux vous apprennent sur les émotions et les pensées sous-jacentes ?

Pensez-y un instant. Ce chapitre vous met au défi d'élargir votre connaissance de la communication non verbale, n'est-ce pas passionnant ?

En approfondissant votre compréhension de ces barrières invisibles, vous devenez plus conscient de la façon dont la défense se manifeste dans le langage corporel, ce qui vous permet d'être plus sensible et plus empathique dans vos interactions avec les autres. À son tour, cette prise de conscience vous permet de naviguer et de gérer les situations tendues de manière plus efficace et plus respectueuse.

Vous êtes-vous déjà demandé pourquoi les gens, y compris nous-mêmes, adoptent ces comportements défensifs ? C'est une question fascinante qui a beaucoup à voir avec notre biologie et notre désir inné de nous protéger.

La psychologue et experte en langage corporel Amy Cuddy, auteur de Presence : Bringing Your Boldest Self to Your Biggest Challenges (2015), suggère que ces gestes défensifs sont des réponses instinctives aux menaces perçues, développées au cours de millions d'années d'évolution humaine. Lorsque nous nous sentons menacés, notre instinct naturel est de protéger nos organes vitaux, et nos postures défensives reflètent ce désir d'autoprotection. N'est-il pas étonnant que notre corps réagisse d'une manière que notre esprit conscient ne comprend peut-être même pas entièrement ?

Comme aux échecs, chaque mouvement dans la communication non verbale a un but, parfois stratégique, parfois instinctif. Mais contrairement aux échecs, la communication non verbale est un jeu auquel nous jouons tous, consciemment ou inconsciemment, chaque jour de notre vie.

Et si je vous disais qu'il existe des moyens de gérer ces signaux défensifs, d'abaisser ces barrières invisibles ? Eh bien, il y en a. Et c'est précisément ce que nous allons explorer ci-dessous.

La première étape pour faire face à ces signaux défensifs est, bien sûr, de les reconnaître. Mais il ne suffit pas de les reconnaître. Une fois que vous les avez reconnus, le défi consiste à comprendre pourquoi ils sont là et ce que vous pouvez faire pour y remédier.

La gestion des signaux défensifs n'implique pas nécessairement de modifier le comportement de l'autre personne. Il s'agit plutôt de modifier son propre comportement et sa propre réaction aux signaux défensifs de l'autre personne. En d'autres termes, il ne s'agit pas de contrôler les autres, mais de se contrôler soi-même.

Maintenant, permettez-moi de vous poser une question : avez-vous déjà modifié votre comportement en réponse aux signaux défensifs de quelqu'un d'autre ? Qu'avez-vous ressenti ? Pensez-vous que cela ait été utile ? Pourquoi ou pourquoi pas ?

Dans la prochaine partie, nous verrons plus en détail comment vous pouvez répondre à ces signaux défensifs. Mais pour l'instant, réfléchissez à ces questions. Ouvrez votre esprit aux possibilités qui s'offrent à vous et préparez-vous à pénétrer plus avant dans le monde fascinant du langage corporel. Car, cher lecteur, nous avons encore beaucoup de choses à explorer ensemble.

Nous allons commencer par examiner comment vous pouvez répondre aux signaux défensifs. La première étape consiste, bien sûr, à les reconnaître. Mais il ne suffit pas de les reconnaître. Une fois que vous les avez reconnus, le défi consiste à comprendre pourquoi ils sont là et ce que vous pouvez faire pour y remédier.

En vérité, il n'existe pas de réponse unique. Chaque situation est unique, chaque interaction est unique et chaque individu est unique. Mais cela ne signifie pas qu'il n'existe pas de principes généraux à appliquer.

Joe Navarro, ancien agent du FBI et auteur de "What Every Body is Saying" (2008), souligne que l'empathie est l'un des moyens les plus efficaces de faire face aux signaux défensifs. L'empathie vous permet de comprendre le point de vue de l'autre personne, de comprendre ses craintes et ses préoccupations, et de lui montrer que vous vous souciez de son bien-être. Avez-vous déjà constaté que la dynamique d'une conversation change lorsque vous faites preuve d'une véritable empathie ? Avez-vous senti les barrières invisibles s'estomper ?

Maintenant, faisons un exercice ensemble, imaginez que vous êtes en réunion avec un collègue qui croise les bras et qui a l'air très mal à l'aise. Comment feriez-vous face à cette situation ?

Vous pourriez choisir d'ignorer leurs signaux défensifs et de poursuivre la réunion comme d'habitude. Mais cela risquerait d'intensifier leur malaise et d'ériger d'autres barrières à la communication.

D'un autre côté, vous pouvez essayer d'atténuer son malaise en faisant preuve d'empathie. Vous pouvez lui demander s'il y a quelque chose qui le tracasse ou s'il aimerait discuter de quelque chose. Vous pouvez également changer de cadre, proposer une courte pause café ou même changer de sujet de conversation pour un sujet plus léger et moins menaçant.

Vous devez être conscient que vous ne serez pas toujours en mesure d'éliminer complètement les barrières défensives d'une personne. Mais tous les efforts que vous ferez pour montrer de l'empathie et de la compréhension peuvent avoir un impact positif.

Mais il faut faire une mise en garde importante : l'empathie doit être sincère. Il ne s'agit pas de manipuler l'autre personne, mais de construire un pont de compréhension mutuelle.

J'espère que cet exercice vous a aidé à voir comment vous pouvez appliquer ces concepts dans des situations réelles. Êtes-vous prêt à poursuivre l'exploration ? Car il y a encore d'autres choses à venir, d'autres couches à découvrir, d'autres barrières invisibles à démanteler. Alors, cher lecteur, allons de l'avant, poursuivons ensemble ce voyage passionnant. Prêt ?

Je suis sûr que vous commencez à voir à quel point il peut être puissant de comprendre les barrières invisibles à la communication. Ces signaux défensifs, qui auraient pu passer inaperçus, deviennent maintenant des outils pour vous aider à communiquer plus efficacement et à établir des liens plus profonds.

Vous vous souvenez du principe de l'iceberg mentionné dans les chapitres précédents ? Les signaux défensifs constituent une partie importante de cette partie immergée. Mais ils ne sont pas les seuls. Il existe de nombreuses autres couches cachées dans la communication non verbale qui attendent d'être explorées, d'être comprises. Et je vous promets, cher lecteur, que cette exploration commune sera une aventure fascinante et enrichissante.

Mais avant de clore ce chapitre, je voudrais faire une pause et passer en revue ce que nous avons appris. Nous avons commencé par explorer le concept de signaux défensifs et la manière dont ils se manifestent dans notre communication non verbale. Nous avons ensuite examiné certaines des causes communes de ces signaux défensifs et la manière dont vous pouvez apprendre à les reconnaître. Enfin, nous avons discuté des stratégies pour répondre à ces signaux défensifs et de la façon dont l'empathie peut être un outil puissant pour dissoudre ces barrières invisibles.

J'espère que ce chapitre vous a donné une nouvelle perspective sur les barrières invisibles à la communication et sur la façon dont vous pouvez les gérer. Mais surtout, j'espère qu'il vous a montré l'importance de l'empathie et de la compréhension dans nos interactions quotidiennes.

Et maintenant, êtes-vous impatient de découvrir la suite ? Dans le prochain chapitre, nous allons nous plonger dans le monde du langage corporel en amour. Nous allons explorer comment nos actions non verbales peuvent révéler des sentiments d'attirance et d'affection. Comment notre corps change-t-il lorsque nous sommes amoureux ? Comment pouvons-nous lire ces signaux chez les autres ? Ce ne sont là que quelques-unes des questions auxquelles nous répondrons.

Alors oui, un voyage passionnant nous attend. Et je suis impatiente de continuer à l'explorer avec vous, de continuer à apprendre avec vous, parce qu'en fin de compte, nous sommes ensemble, vous et moi, pour explorer le vaste et fascinant monde du langage corporel. Parce qu'en fin de compte, nous sommes ensemble, vous et moi, pour explorer le monde vaste et fascinant du langage corporel. Êtes-vous prêt ? Parce que je le suis. Alors, cher lecteur, partons à la conquête du prochain chapitre. Je vous y attends.

Chapitre 17 : Le langage corporel en amour : découvrir les signes d'attirance

Bienvenue, cher lecteur, dans ce nouveau chapitre de notre voyage commun dans le monde fascinant du langage corporel. Dans les pages précédentes, nous avons examiné diverses facettes de cette forme de communication essentielle mais souvent négligée. Nous avons percé les secrets cachés dans nos expressions faciales, notre posture, nos gestes et même notre silence. Mais dans ce chapitre, nous allons nous plonger dans l'un des contextes les plus passionnants et parfois déroutants dans lequel le langage corporel joue un rôle crucial : l'amour et l'attirance.

L'attirance et l'amour sont des expériences universelles, mais aussi très individuelles. Peu importe le nombre de poètes, de musiciens et d'écrivains qui ont tenté de mettre en mots le mystère de l'amour au cours des siècles, il reste une expérience unique pour chacun d'entre nous. Pourtant, si l'amour peut être un puzzle complexe et énigmatique, notre corps nous trahit souvent. En fait, le langage corporel est l'une des formes de communication les plus honnêtes et les plus directes en matière d'amour et d'attirance.

Pourquoi est-ce important ? Parce que comprendre le langage corporel de l'amour peut vous aider à déchiffrer les signaux d'attraction, que vous les envoyiez ou que vous les receviez. Cela peut faire la différence entre se perdre dans la confusion et gagner en clarté sur ses propres sentiments et ceux des autres. Et ce n'est pas tout : la compréhension de ces signes peut aussi être un outil puissant pour construire des relations plus fortes et plus significatives.

Mais que signifie réellement l'expression "signaux d'attraction" ? L'attirance n'est pas simplement une question de goût ou de dégoût. Il s'agit d'un processus complexe impliquant une série de signaux et de réponses, à la fois conscients et inconscients. Elle peut se manifester de différentes manières : de l'intérêt et de la curiosité à l'admiration et, finalement, à l'amour. Et s'il peut être tentant de chercher une liste définitive de "signes d'attirance", la vérité est que ces signaux peuvent varier énormément d'une personne à l'autre et d'un contexte à l'autre.

Cependant, certains schémas et comportements indiquent souvent une attirance. Par exemple, une personne attirée présente souvent ce que les experts en langage corporel appellent une "orientation corporelle". Cela signifie que son corps, en particulier son torse et ses pieds, s'oriente vers la personne qui l'attire. En outre, elle est susceptible d'avoir un contact visuel prolongé, des gestes d'ouverture et des miroitements, entre autres signes.

Mais comment être sûr que ce que nous interprétons est bien un signe d'attirance et pas seulement un geste amical ou de politesse ? Ah, cher lecteur, telle est la question. Et c'est précisément ce que nous allons explorer dans ce chapitre. Nous allons plonger dans les subtilités du langage corporel de l'amour, apprendre à faire la différence entre l'amabilité et l'attirance, et comprendre comment le langage corporel peut nous aider à naviguer dans les eaux mystérieuses de l'amour et de l'attirance, l'interprétation correcte des signaux peut être une véritable bouée de sauvetage. Pour mieux comprendre cela, examinons les études menées par des experts dans ce domaine. Avez-vous déjà entendu parler d'Albert Mehrabian ? C'est un psychologue qui, en 1971, a proposé un principe fascinant qui a changé notre compréhension de la communication : la règle 7-38-55. Selon cette règle, seulement 7 % de la communication repose sur les mots, tandis que 38 % repose sur le ton de la voix et 55 % sur le langage corporel. Etonnant, n'est-ce pas ?

En d'autres termes, nos mots ne représentent qu'une petite fraction de ce que nous transmettons aux autres. Notre corps, en revanche, parle constamment un langage silencieux mais puissant, qui révèle nos sentiments les plus intimes et nos désirs les plus profonds. Que nous apprend donc le langage corporel sur l'attirance et l'amour ?

Penchons-nous un peu plus sur cette question. Imaginez que vous êtes dans un café et que vous discutez avec une personne que vous appréciez. Cette personne regarde autour d'elle, puis se retourne vers vous, ses yeux rencontrent les vôtres et s'y attardent plus longtemps que d'habitude. Elle vous sourit chaleureusement, incline légèrement la tête en vous écoutant et rit à vos plaisanteries. Qu'est-ce que tout cela vous apprend ?

Ce sont là quelques-uns des signes d'attirance les plus courants. Mais il faut se souvenir d'une chose : le contexte est crucial. Le langage corporel ne doit jamais être interprété dans le vide. Chaque geste, chaque regard, chaque sourire doit être considéré dans le contexte de la situation et de la relation entre les personnes concernées. Cette personne est-elle généralement extravertie et amicale, ou son comportement change-t-il lorsqu'elle est avec vous ? Autant de questions à se poser.

Pour approfondir notre compréhension, permettez-moi de citer Joe Navarro, ancien agent du FBI et expert en langage corporel. Dans son livre "What Every Body Is Saying" (2008), Navarro explique que l'attirance se manifeste souvent par ce qu'il appelle des comportements "d'approche", c'est-à-dire qui réduisent la distance entre deux personnes. Il peut s'agir de se pencher vers l'autre personne, de dévoiler la paume de ses mains, de toucher ou de frotter son cou ou son visage. Selon M. Navarro, ces gestes sont le signe qu'une personne se sent à l'aise et attirée par une autre.

Ce n'est que le début, cher lecteur. Tout au long de ce chapitre, nous explorerons plus en profondeur les différentes façons dont le langage corporel peut révéler l'attirance et l'amour. Des subtilités des expressions faciales aux particularités de la posture et des mouvements, chaque détail peut être un fil conducteur qui nous guide dans le labyrinthe de l'attirance humaine. Mais n'oubliez pas qu'il s'agit d'un art plutôt que d'une science, et que la clé du décryptage réside dans l'observation attentive et l'empathie. Êtes-vous prêt à poursuivre ce voyage ?

Passons maintenant à quelque chose d'un peu plus tangible et faisons une expérience de pensée. Imaginez que vous êtes à une fête et que vous voyez un couple dans un coin de la pièce. Vous ne pouvez pas entendre ce qu'ils disent, mais vous pouvez voir leurs corps, leurs expressions, la façon dont ils interagissent. Seriez-vous capable de dire s'il y a de l'attirance entre eux ?

C'est là que les indices plus subtils du langage corporel entrent en jeu. Le couple peut se tenir près l'un de l'autre, leurs corps légèrement penchés l'un vers l'autre. Il peut y avoir des rires et des sourires, et ils peuvent inconsciemment imiter les gestes et les postures de l'autre, un phénomène connu sous le nom de "miroir". Le miroitement est un signe puissant de syntonie émotionnelle et indique souvent une attirance.

Bien sûr, il y a aussi les signes les plus évidents. Un simple contact sur le bras, un regard appuyé, un geste de flirt. Mais même ces signaux peuvent être trompeurs s'ils sont interprétés hors contexte. Un toucher peut être simplement amical, un regard peut être une coïncidence. C'est pourquoi il est important d'avoir une vue d'ensemble et de ne pas se focaliser sur un seul signe.

Pour illustrer ce point, revenons au travail de Joe Navarro. Dans son livre, Navarro souligne l'importance de la "congruence" du langage corporel. En d'autres termes, les signes d'attirance les plus fiables sont généralement ceux qui sont affichés de manière cohérente et qui correspondent aux autres formes de communication de la personne. Si une personne montre des signes d'attirance dans son langage corporel, mais que ses paroles ou le ton de sa voix suggèrent le contraire, il peut y avoir une divergence qui mérite d'être explorée.

Imaginons maintenant un autre scénario. Imaginez que vous ayez un rendez-vous avec une personne qui vous attire. Vous êtes assis en face de cette personne, vous parlez et vous riez. Mais soudain, vous remarquez que ses pieds pointent vers la sortie et qu'il regarde sa montre. Qu'est-ce que cela vous dit ? Selon Barbara Pease et Allan Pease, auteurs du livre "The Language of the Body" (1981), cela peut être un signe que la personne est prête à partir. Les pieds révèlent souvent nos véritables intentions, affirment-ils, même lorsque nous essayons de les cacher.

Ainsi, cher lecteur, dans notre exploration du langage corporel en amour, nous avons appris qu'il n'y a pas de raccourcis ni de réponses faciles. Mais chaque geste, chaque regard, chaque posture peut être une pièce du puzzle. Et la clé pour comprendre ce puzzle est l'empathie et l'observation attentive, la volonté d'écouter non seulement avec nos oreilles, mais aussi avec nos yeux et avec notre cœur.

Mais attendez, il reste encore beaucoup à découvrir dans notre voyage à travers le labyrinthe du langage corporel dans l'amour et l'attirance. Il y a encore des territoires à explorer, des secrets à dévoiler.

Prenons l'exemple des expressions faciales. Paul Ekman, psychologue renommé qui étudie les émotions et les expressions faciales depuis des décennies, suggère dans "Telling Lies" (1985) que certaines micro-expressions peuvent révéler les vrais sentiments, même lorsque nous essayons de les cacher. Dans le contexte de l'attirance et de l'amour, un sourire sincère qui atteint les yeux, un léger rougissement ou une dilatation des pupilles peuvent indiquer un intérêt romantique.

Cependant, Ekman met également en garde contre les conclusions hâtives. Les micro-expressions peuvent être révélatrices, mais aussi trompeuses. Un sourire authentique peut être simplement un signe d'amitié, un rougissement peut être causé par la chaleur ou l'embarras, et les pupilles peuvent se dilater pour diverses raisons qui n'ont rien à voir avec l'attirance. Il est donc toujours important de tenir compte du contexte et de ne pas se précipiter pour faire des suppositions.

Et c'est là, ami lecteur, le merveilleux mystère du langage corporel en amour. À chaque pas que nous faisons, à chaque geste que nous observons, à chaque signal que nous décodons, nous apprenons quelque chose de plus sur la complexité de la communication humaine. Et pourtant, il y a toujours plus à découvrir, plus de nuances à comprendre, plus de profondeur à explorer. La vérité, comme souvent, se situe quelque part entre la science et la poésie, entre le détail microscopique et la vue d'ensemble.

Nous voici donc à la fin de ce chapitre, mais pas au terme de notre voyage. Nous avons exploré les subtilités du langage corporel dans l'amour et l'attirance, mais il reste encore beaucoup à découvrir. Dans le prochain chapitre, nous nous plongerons dans le monde intrigant de la détection de la tromperie par le corps. Comment pouvons-nous discerner la vérité du mensonge à travers les gestes, les expressions faciales et les postures ? Comment pouvons-nous utiliser notre connaissance du langage corporel pour faire preuve de plus de discernement et de perspicacité dans nos interactions ?

Oui, un océan de connaissances vous attend dans le prochain chapitre. Alors, êtes-vous prêt à poursuivre votre voyage et à percer les secrets du langage corporel dans la détection de la tromperie ? Je vous promets que ce sera un voyage fascinant et enrichissant qui vous permettra de voir le monde et les gens qui vous entourent d'une toute nouvelle manière. Alors, on y va ?

Chapitre 18 : Détecter la tromperie : découvrir le mensonge à travers le corps

Quand vous pensez à un mensonge, qu'est-ce qui vous vient à l'esprit ? Une tromperie flagrante ? Un petit mensonge blanc ? Ou peut-être une histoire fabriquée, racontée avec la plus grande subtilité, dans l'espoir que le destinataire ne découvrira jamais la vérité ? Quelle que soit la façon dont on l'envisage, le mensonge fait partie intégrante de l'existence humaine. Il est parfois nuisible, parfois inoffensif, mais toujours, toujours, il est fascinant.

Vous êtes-vous déjà demandé pourquoi les mensonges sont si difficiles à détecter ? Si nous nous souvenons de notre voyage à travers le langage corporel dans les chapitres précédents, nous pouvons nous rappeler que notre corps peut communiquer beaucoup de choses que nos mots ne peuvent pas. Et, dans le jeu de la tromperie, cette règle ne fait pas exception.

Vous serez peut-être surpris d'apprendre que nous sommes plutôt mauvais pour détecter les mensonges. Une étude menée par Bella DePaulo, psychologue sociale à l'université de Californie, a révélé que le taux moyen de précision des humains dans la détection des mensonges est d'environ 54 %, soit à peine mieux qu'à pile ou face (DePaulo, 1994).

Nous sommes donc confrontés à une question intrigante. Si le mensonge fait partie intégrante de nos interactions quotidiennes, pourquoi sommes-nous si incapables de le détecter ?

La réponse, cher lecteur, réside dans le fait que le mensonge n'est pas seulement un jeu de mots. C'est un jeu de corps, de gestes, de tons de voix et d'esquives. C'est un jeu de langage corporel.

Ainsi, si vous voulez découvrir la vérité cachée dans les mensonges, vous devrez aller au-delà des mots. Vous devrez observer attentivement, prêter attention aux moindres détails et, surtout, apprendre à lire les signaux subtils que le corps émet lorsqu'il est en conflit avec les mots.

Êtes-vous prêt à vous lancer dans cette aventure ? Êtes-vous prêt à explorer le monde fascinant du langage corporel et de la détection des mensonges ? Je vous promets que le voyage ne sera pas facile. Mais si vous êtes prêt à relever le défi, les récompenses seront immenses. Non seulement vous apprendrez à détecter les mensonges plus efficacement, mais vous aurez également une nouvelle perspective sur les complexités de la communication humaine.

Alors venez, rejoignez-moi pour ce voyage. Plongeons dans le monde fascinant et énigmatique de la détection des mensonges par le langage corporel. Je vous promets que cette expérience changera votre façon de voir le monde. On y va ?

Vous avez relevé le défi, je vois. C'est une attitude courageuse. Mais n'oubliez pas que le courage ne consiste pas à éviter la peur, mais à l'affronter. Prêt à découvrir la vérité derrière les mensonges ? Alors, allons-y.

L'idée que les mots peuvent mentir, mais pas le corps, est assez ancienne. Avez-vous entendu parler de Marcel Marceau ? C'était un mime français, célèbre pour sa capacité à communiquer sans mots (Marceau, 2001). Selon lui, les mots peuvent mentir, mais le corps dit toujours la vérité. Bien que son travail ait porté sur l'art du mime, sa philosophie s'applique à l'art de la détection des mensonges.

Les mensonges peuvent être détectés par divers indices non verbaux, notamment les micro-expressions faciales, les gestes corporels, le ton de la voix, la posture, la distance physique et le contact visuel. Si les mots peuvent être contrôlés et manipulés, ces signaux échappent souvent à notre contrôle conscient et révèlent ce que nous ressentons et pensons réellement. Et si certaines personnes peuvent être de bons menteurs, trompant avec leurs mots, il leur est beaucoup plus difficile de contrôler tous les signaux que leur corps envoie.

Prenons l'exemple des micro-expressions, un sujet abordé au chapitre 6. Il s'agit d'expressions faciales rapides, presque imperceptibles, qui se produisent lorsqu'une personne tente de dissimuler une émotion. Si une personne ment, vous pouvez déceler une micro-expression de peur, d'anxiété ou de malaise. Cependant, la détection de ces micro-expressions n'est pas une tâche facile. Elle nécessite une attention constante et ciblée.

Le ton de la voix est un autre signe qui peut indiquer un mensonge. Lorsqu'une personne ment, le ton de sa voix peut changer. Il peut devenir plus fort ou plus bas, ou parler plus vite ou plus lentement. Certaines personnes peuvent même commencer à bégayer ou à trébucher sur leurs mots. Vous souvenez-vous lorsque nous avons parlé des "Nuances du silence" au chapitre 4 ? Cette capacité à lire les tons et les pauses sera utile ici.

Attention toutefois, tous les signes de tromperie ne sont pas aussi évidents. Certains sont subtils et passent facilement inaperçus. Vous pouvez voir un geste qui semble suspect, mais vous ne pouvez pas être sûr qu'il s'agit d'un mensonge. Il est donc important de ne pas tirer de conclusions hâtives. Tous les signes de tromperie ne signifient pas que quelqu'un ment, et tous les mensonges ne s'accompagnent pas de signes évidents. Si vous voulez vraiment découvrir la vérité, vous devrez faire preuve de patience, d'observation et d'ouverture d'esprit.

Êtes-vous prêt à approfondir la science de la tromperie ? Êtes-vous prêt à apprendre à détecter les signes subtils de la malhonnêteté ? Je suis sûr que vous l'êtes, car je sens votre désir de savoir, votre faim de mieux comprendre la complexité de la communication humaine. Et je suis là pour vous guider dans ce voyage. Alors, allons-y.

Bien entendu, nous devons également tenir compte du langage corporel lorsque nous recherchons des signes de malhonnêteté. Imaginez que votre meilleur ami vous promette de garder un secret, mais qu'à chaque fois que vous le lui rappelez, son regard évite le vôtre ou qu'il tripote nerveusement ses mains : cela ne vous rendrait-il pas méfiant ?

Dans son livre "Telling Lies" (1985), le psychologue Paul Ekman affirme que lorsque les gens mentent, ils font souvent des gestes et des mouvements corporels qui ne correspondent pas à ce qu'ils disent. En effet, pendant que notre esprit est occupé à créer une fausse histoire, notre corps, dans sa sagesse, tente de communiquer la vérité par le biais de ces petits dérapages non verbaux.

Par exemple, une personne qui ment peut croiser les bras ou s'éloigner légèrement, signe qu'elle est fermée ou sur la défensive. Elle peut aussi se toucher ou se gratter le nez ou la bouche, un geste que les experts considèrent comme un indicateur possible de tromperie. Ekman appelle ces gestes des "manipulateurs", c'est-à-dire des mouvements que nous faisons pour nous distraire ou calmer notre anxiété. Vous vous souvenez du chapitre 5 sur la façon dont les "mains parlent" ? Voici une nouvelle occasion de mettre ces informations en pratique.

Des études suggèrent également que les gens ont tendance à cligner davantage des yeux lorsqu'ils mentent. Cela pourrait être dû à la tension qu'ils ressentent lorsqu'ils essaient de maintenir leur tromperie. En outre, si une personne raconte un mensonge compliqué, elle peut regarder vers le haut et vers la gauche, signe qu'elle fait appel à la partie créative de son cerveau pour construire son histoire.

Mais que se passe-t-il lorsque quelqu'un est un bon menteur, si bon que ses signaux non verbaux sont difficiles à détecter ? Ne vous inquiétez pas, tout n'est pas perdu. Dans leur livre Spy the Lie (2012), les anciens agents de la CIA Philip Houston, Michael Floyd et Susan Butcher partagent leurs techniques pour démêler les mensonges les plus convaincants. Ils affirment que les indices verbaux peuvent être tout aussi révélateurs que les indices non verbaux. Prêter attention à la façon dont une personne dit quelque chose, plutôt qu'à ce qu'elle dit, peut s'avérer incroyablement utile.

En fin de compte, le véritable art de la détection des mensonges ne consiste pas seulement à rechercher des signes spécifiques de tromperie, mais aussi des incohérences. Si le langage corporel d'une personne ne correspond pas à ses paroles, ou s'il y a un changement soudain et inexpliqué dans son comportement, cela peut être un signe que quelque chose ne va pas.

Êtes-vous prêt à aller de l'avant, à plonger encore plus profondément dans les mystères de la communication humaine ? Je suis heureux que vous preniez cela au sérieux. Savoir détecter la malhonnêteté n'est pas seulement utile, c'est aussi une compétence fascinante. Alors, qu'en dites-vous, allons-nous passer à la dernière partie ?

Bravo ! Vous êtes arrivé jusqu'ici, en vous plongeant dans les méandres du langage corporel et en découvrant tout ce qu'il révèle de nous, même lorsque nos paroles tentent de cacher la vérité. Mais il y a plus, il y a toujours plus à apprendre, n'est-ce pas ? C'est ainsi que nous grandissons, que nous devenons plus sages. C'est ce qui nous amène à la prochaine étape de notre voyage ensemble. N'êtes-vous pas enthousiaste ?

Mais avant cela, permettez-moi de résumer brièvement ce que nous venons d'apprendre. La détection de la tromperie par le langage corporel n'est pas une science exacte, mais plutôt un art. Nous recherchons les incongruités, les gestes et les postures qui ne semblent pas correspondre à ce que dit quelqu'un. Nous examinons les micro-expressions, ces manifestations fugaces d'émotion qui apparaissent et disparaissent en une fraction de seconde. Nous observons les mouvements des yeux, la tension du visage et du corps, et nous prêtons attention aux mains et à ce qu'elles font.

Mais surtout, nous nous rappelons toujours que les gens sont plus que la somme de leurs signaux et de leurs gestes. Si cette connaissance peut être puissante, elle exige aussi un grand degré de responsabilité. Vous ne devez jamais oublier l'importance de l'empathie, de la compréhension et du respect dans toutes vos interactions.

Que diriez-vous d'un aperçu de ce qui vous attend dans le prochain chapitre ? Dans le chapitre 19, nous explorerons le monde fascinant du langage corporel dans les négociations. Nous découvrirons les signaux de pouvoir et de soumission et la façon dont vous pouvez utiliser ces connaissances pour mieux réussir dans vos interactions professionnelles et personnelles.

Êtes-vous prêt à entrer dans la salle de négociation et à voir ce qui se cache derrière les poignées de main fermes et les sourires confiants ? Êtes-vous prêt à découvrir les secrets d'une négociation réussie et peut-être même à améliorer vos propres compétences dans le processus ?

Je sais que c'est le cas, et je suis impatiente de partager ce voyage avec vous. Alors, cher lecteur, es-tu prêt à passer à l'étape suivante ? Parce que je suis plus que prêt à poursuivre ce voyage avec vous.

Chapitre 19 : Le langage corporel dans les négociations : Signes de pouvoir et de soumission

Nous commencerons ce chapitre en vous demandant, cher lecteur, si vous avez déjà eu l'impression que quelqu'un avait pris le dessus dans une conversation ou une négociation sans prononcer un mot ? Si c'est le cas, vous n'êtes pas seul. La communication non verbale est un outil puissant dans l'environnement de la négociation, et sa connaissance peut faire la différence entre une transaction réussie et une transaction qui laisse à désirer.

Ce chapitre, mon cher ami, a pour but de te donner la vision dont tu as besoin pour déchiffrer ces signaux non verbaux, les subtilités dans la posture, les gestes et même l'orientation des pieds qui peuvent t'indiquer qui a le pouvoir et qui est prêt à céder.

Les négociations sont un aspect fondamental de notre vie. Qu'il s'agisse d'enfants qui négocient pour avoir plus de temps pour jouer, d'adolescents qui négocient pour avoir un couvre-feu ou d'adultes qui négocient dans le monde des affaires, nous négocions tous à un moment ou à un autre. Savoir lire et utiliser correctement le langage corporel peut faire une énorme différence dans ces processus. Il est donc essentiel que vous vous familiarisiez avec ces compétences.

Pour introduire ce sujet, commençons par une question simple mais intrigante : pourquoi pensez-vous que le langage corporel est important dans les négociations ? Vous pensez peut-être que ce sont les mots qui ont le plus de poids dans ces situations, mais vous seriez surpris de voir tout ce que vous pouvez déduire des signaux non verbaux d'une personne.

Selon Mehrabian, dans sa célèbre étude de 1971, une communication efficace dépend à 55 % du langage corporel, à 38 % du ton de la voix et à 7 % seulement des mots. Cela ne signifie pas que les mots n'ont pas d'importance, mais si vous prêtez attention aux autres éléments, vous pouvez obtenir une image beaucoup plus complète de la véritable intention de la personne.

Le langage corporel est l'expression extérieure de notre monde intérieur. Lorsque vous comprenez comment il fonctionne, vous pouvez rapidement identifier les émotions et les attitudes des gens, de la confiance et de la détermination à la peur et à l'insécurité.

Vous vous demandez peut-être comment développer cette compétence ? Eh bien, comme toute autre compétence, la lecture du langage corporel s'améliore avec la pratique. Mais avant cela, vous devez avoir les connaissances nécessaires. Et c'est exactement ce que nous nous apprêtons à découvrir dans ce chapitre. Êtes-vous prêt à faire un pas de plus dans ce fascinant voyage de la compréhension humaine ? Parce que je suis impatient de vous accompagner dans ce voyage, d'apprendre et de grandir ensemble.

Alors, l'esprit ouvert et la curiosité piquée, plongeons dans le monde de la négociation et de son langage corporel complexe. Êtes-vous prêt ? Car c'est parti pour une plongée dans cet intéressant océan de gestes et de postures, un monde qui va vous ouvrir les portes d'une meilleure compréhension des négociations et de la manière de les mener de main de maître.

Bien entendu, nous ne serions pas complets si nous ne replacions pas ces idées dans un contexte plus large. Permettez-moi donc de vous emmener dans un bref voyage dans le passé, vers les travaux d'Edward T. Hall. Dans son livre "The Hidden Dimension" (1966), Hall a inventé le terme "proxémique" pour décrire la manière dont nous utilisons l'espace dans nos interactions. Dans son étude des cultures du monde entier, Hall a découvert que les différences dans l'utilisation de l'espace personnel peuvent avoir un impact significatif sur les négociations.

Avez-vous déjà remarqué que l'espace entre deux personnes dans une conversation peut influencer le ton de la négociation ? Plus une personne est proche de l'autre, plus la conversation devient intime. Toutefois, si l'on se rapproche trop, la situation peut devenir inconfortable, voire menaçante.

Comment cela se traduit-il dans la négociation ? Selon Hall, les personnes qui n'hésitent pas à envahir l'espace personnel des autres paraissent souvent plus dominantes et plus sûres d'elles. Mais, comme vous le savez, la frontière est ténue entre l'assurance et l'agressivité. Comment gérez-vous cela, mon ami ?

À cela s'ajoutent les travaux de Desmond Morris, zoologiste et éthologue de renom, surtout connu pour son livre "The Naked Ape" (1967). Morris a étudié l'importance des gestes et des postures dans les négociations. Selon lui, les humains, comme nos parents primates, utilisent leur corps pour établir des hiérarchies sociales et communiquer leurs intentions.

La maîtrise de ces connaissances peut vous aider à adopter une attitude qui témoigne de votre autorité et de votre confiance. Par exemple, si vous adoptez une attitude ouverte et détendue pendant une négociation, vous montrerez à l'autre partie que vous êtes à l'aise et que vous contrôlez la situation.

Mais ne vous y trompez pas, il ne s'agit pas d'un jeu d'imitation, il ne s'agit pas de faire semblant d'être quelqu'un que l'on n'est pas. Au contraire, il s'agit d'authenticité et de congruence entre vos mots et votre corps. Il s'agit d'apprendre à utiliser son langage corporel comme un outil pour transmettre ses véritables intentions et sentiments.

Oui, cher lecteur, nous parlons d'un langage que nous partageons tous, mais que très peu d'entre nous comprennent vraiment. Et maintenant que nous sommes sur le point de percer ses secrets, ne trouvez-vous pas passionnant ce que nous pouvons découvrir ? Avançons ensemble dans cette aventure, en construisant amicalement une compréhension plus profonde des subtilités de la communication humaine !

Maintenant que nous avons un peu exploré la théorie, je pense qu'il est temps de la ramener sur terre avec quelques exemples concrets. N'est-il pas passionnant de voir comment toutes ces théories abstraites se traduisent dans la vie réelle ? Lisez la suite, vous ne voudrez pas manquer cela.

Imaginons que nous nous trouvons dans une salle de négociation. Il s'agit d'un environnement de bureau typique, avec une grande table rectangulaire au centre. Vous êtes là avec votre adversaire et vous êtes tous deux prêts à commencer. Mais avant que les mots ne commencent à fuser, beaucoup de choses ont déjà été dites sans rien dire.

Le simple fait de choisir un endroit pour s'asseoir peut véhiculer un certain nombre de messages. Saviez-vous que le bout de la table est généralement considéré comme le siège du pouvoir ? Comme le souligne Robert Greene dans son livre "Les 48 lois du pouvoir" (1998), le contrôle de l'espace symbolique est un moyen efficace de montrer son autorité. Mais attention, il ne faut pas paraître trop agressif.

Rappelez-vous ce que nous avons dit précédemment à propos de la posture. Si une posture ouverte peut témoigner d'une certaine confiance, elle peut aussi être perçue comme un signe de vulnérabilité. Une posture fermée, en revanche, peut être défensive, mais elle peut aussi être interprétée comme un signe d'insécurité. C'est pourquoi il faut trouver un équilibre.

Et puis il y a le contact visuel - avez-vous déjà remarqué qu'un regard soutenu peut mettre quelqu'un mal à l'aise ? D'autre part, le fait d'éviter complètement le contact visuel peut être interprété comme un signe d'évitement. Selon la chercheuse Marianne LaFrance dans son ouvrage "Lip Service : Smiles in Life, Death, Trust, Lies, Work, Memory, Sex, and Politics" (2011), maintenir un niveau modéré de contact visuel peut aider à établir la confiance et à démontrer la sincérité.

Tout ceci n'est qu'un petit échantillon de la façon dont la communication non verbale joue un rôle crucial dans les négociations. Et il nous reste encore beaucoup à faire. Mais j'aimerais que vous réfléchissiez à une chose : comment pouvez-vous appliquer ce que vous venez d'apprendre dans votre propre vie ? Êtes-vous conscient de votre propre langage corporel et de la façon dont il peut affecter vos interactions avec les autres ?

Tu vois, mon ami, nous apprenons ensemble, nous grandissons ensemble sur ce chemin vers la compréhension de la communication humaine. Ne t'inquiète pas, tu n'es pas seul sur ce chemin, je suis là avec toi à chaque étape.

Nous voici arrivés, cher lecteur, à la dernière partie de ce chapitre passionnant. Vous avez fait un tour incroyable du rôle du langage corporel dans les négociations, vous avez compris le pouvoir et la soumission que nos postures et nos gestes peuvent communiquer, mais nous n'avons pas fini. Ne sentez-vous pas cette étincelle de curiosité grandir en vous, cette étincelle qui vous pousse à continuer à lire, à continuer à explorer les mystères du langage corporel ?

Réfléchissons un instant à l'importance des signaux tactiles dans les négociations. Une simple poignée de main peut avoir une signification si profonde, n'est-ce pas ? Selon une étude réalisée en 2018 par la psychologue Juliana Schroeder et son équipe, une poignée de main avant les négociations peut accroître la coopération, la compréhension mutuelle et la réussite des négociations. Combien de fois avez-vous réfléchi au poids de ce simple geste ?

N'oublions pas non plus l'importance de la synchronisation dans le langage corporel. Rappelons ce que nous avons dit au chapitre 12 sur la synchronisation corporelle. Dans une négociation, le fait de refléter inconsciemment les gestes de l'autre peut établir une sorte de "danse" qui génère de l'empathie et une compréhension mutuelle. Mais, comme tout outil puissant, il doit être utilisé avec discernement et connaissance.

Chaque geste, chaque posture, chaque regard a son propre langage. Apprendre à lire ce langage et à le parler efficacement peut changer radicalement la façon dont nous interagissons avec les autres, en particulier dans des situations aussi délicates que les négociations. Cela ne vous stimule-t-il pas de penser à la façon dont vous pouvez utiliser tout ce que vous avez appris à votre propre avantage ?

Aujourd'hui, cher ami, le temps est venu de clore ce chapitre, mais ne t'inquiète pas, il reste encore beaucoup à apprendre, beaucoup à découvrir. Mais ne vous inquiétez pas, il reste encore beaucoup à apprendre, beaucoup à découvrir. Êtes-vous enthousiaste à l'idée de la suite ? Dans le prochain chapitre, nous plongerons dans un monde de différences culturelles, d'expressions et de gestes qui changent d'un endroit à l'autre. Ne trouvez-vous pas fascinant d'explorer la façon dont le langage corporel peut varier d'une culture à l'autre ?

Alors, allez-y, continuez. La connaissance n'est qu'à quelques pages, elle n'attend que vous. Et n'oubliez pas que je suis là pour vous guider dans ce passionnant voyage de découverte. Êtes-vous prêt à aller de l'avant ?

Chapitre 20 : Culture et langage corporel : les différences d'expression à travers le monde

Bienvenue, cher lecteur, dans ce nouvel épisode de notre fascinant voyage dans le monde du langage corporel. N'est-il pas passionnant de constater que chaque page nous offre une nouvelle découverte, une nouvelle perspective pour comprendre le grand théâtre de la communication humaine ? Avez-vous déjà réfléchi au fait que les mêmes signaux du langage corporel peuvent avoir des significations différentes selon l'endroit où vous vous trouvez dans le monde ? Que se passe-t-il lorsque des gestes, des regards, des postures, que nous avons appris à interpréter dans notre environnement culturel, se heurtent aux règles non écrites d'une autre culture ?

C'est là que réside l'importance de ce chapitre : nous allons plonger dans l'océan de la diversité culturelle et comprendre comment elle affecte notre interprétation du langage corporel. Et oui, je vous promets que ce voyage sera aussi fascinant et révélateur que les précédents.

Le langage corporel, cher lecteur, n'est pas un phénomène universel. Comme les langues parlées, il a des dialectes et des accents, des nuances et des exceptions. Pensons un instant au geste d'acquiescement. Dans une grande partie du monde occidental, ce geste est interprété comme un signe d'accord ou d'affirmation. Mais saviez-vous que dans certaines régions de Bulgarie ou de Grèce, hocher la tête signifie "non" ? Vous imaginez le nombre de malentendus qui peuvent résulter de ces différences culturelles ?

Prenons par exemple le contact visuel. Comme nous l'avons vu au chapitre 3, dans de nombreuses cultures occidentales, le maintien d'un contact visuel direct est un signe de confiance et d'honnêteté. Mais dans d'autres cultures, notamment dans certaines cultures asiatiques et amérindiennes, un contact visuel prolongé peut être interprété comme un manque de respect, voire une menace.

Ce ne sont là que quelques exemples de la manière dont les normes culturelles peuvent façonner le langage de notre corps. Mais ne vous inquiétez pas, ma chère amie, ce voyage ne fait que commencer. Explorons ensemble ces différences culturelles fascinantes, comprenons comment elles influencent notre interprétation du langage corporel et comment nous pouvons naviguer dans cet océan de diversité avec respect et compréhension.

Jusqu'à présent, nous avons étudié le langage corporel d'un point de vue plutôt général, en nous concentrant sur les gestes et les postures qui sont communs à la plupart des cultures. Mais, comme l'a dit le célèbre anthropologue Edward T. Hall dans son livre "The Silent Language" (1959), "la culture est une communication et la communication est une culture". Chaque culture possède son propre langage non verbal, et la compréhension de ce langage est la clé d'une communication interculturelle efficace.

N'êtes-vous pas excité à l'idée de penser à toutes les histoires que ces gestes et postures peuvent nous raconter sur les cultures qui les utilisent ? N'êtes-vous pas intrigué par la façon dont nos propres signaux de langage corporel peuvent être interprétés dans un contexte culturel différent ? Mais ne vous inquiétez pas, nous allons explorer tout cela ensemble au cours de ce voyage fascinant. Et n'oubliez pas que, même si ces différences peuvent sembler difficiles, elles sont aussi l'occasion d'élargir nos horizons et d'enrichir notre compréhension de la communication humaine. Comme le dit le linguiste George Steiner dans son livre "After Babel" (1975), "toute communication humaine repose sur un modèle, une grammaire de l'échange et de la réponse".

Les différences culturelles en matière de langage corporel ne se limitent pas aux gestes. L'utilisation de l'espace personnel varie également de manière significative d'une culture à l'autre. Vous rappelez-vous lorsque nous avons parlé de l'importance de l'espace personnel au chapitre 10 ? De la manière dont nous nous sentons mal à l'aise lorsque quelqu'un envahit notre espace personnel sans notre consentement ? Eh bien, ce que nous considérons comme une "invasion" peut être très différent dans d'autres cultures.

Dans certaines cultures, comme dans de nombreuses régions d'Amérique latine et du Moyen-Orient, il est courant d'être physiquement proche pendant les conversations. Les contacts physiques, tels que les étreintes ou les tapes dans le dos, sont également plus fréquents dans ces cultures. En revanche, dans d'autres cultures, notamment en Europe du Nord et dans certaines régions d'Asie, les gens préfèrent avoir plus d'espace personnel et moins de contacts physiques.

Il est également essentiel de se rappeler que tous les signaux du langage corporel ne sont pas exprimés de la même manière dans toutes les cultures. Par exemple, le célèbre anthropologue Ray Birdwhistell, dans son ouvrage "Kinesics and Context" (1970), nous explique comment le geste de "venir ici" diffère d'une culture à l'autre. Aux États-Unis, nous faisons généralement ce geste en étendant le bras, paume vers le haut, et en faisant un mouvement de "grattage" avec les doigts. Mais dans de nombreuses régions d'Asie, ce geste est fait avec la paume vers le bas.

N'est-il pas étonnant qu'un geste aussi simple puisse varier autant d'une région du monde à l'autre ? N'est-il pas étonnant qu'une chose aussi subtile qu'une rotation du poignet puisse changer complètement la signification d'un geste ? Et le plus intéressant, c'est que, malgré ces différences, nous sommes capables de communiquer, de nous comprendre et de faire en sorte que les autres se sentent compris.

Ce ne sont là que quelques exemples, mon ami. Tout au long de ce chapitre, nous explorerons de nombreuses autres de ces fascinantes variations culturelles. Nous comprendrons comment les normes sociales, l'histoire et l'environnement influencent la façon dont nous communiquons à travers notre langage corporel. Et, surtout, nous apprendrons à être plus conscients et plus respectueux de ces différences dans notre communication quotidienne.

C'est un voyage fascinant, ne pensez-vous pas ? Un voyage qui nous apprend non seulement à mieux communiquer, mais aussi à être plus ouverts et plus respectueux de la diversité culturelle. Car en fin de compte, c'est ce qui compte vraiment, n'est-ce pas ? La capacité de comprendre et d'être compris, de respecter et d'être respecté, de se connecter et d'être connecté, indépendamment des barrières culturelles.

Alors, êtes-vous prêt à poursuivre ce voyage, cher lecteur ?

Super ! Je suis heureux que vous soyez aussi enthousiaste que moi à l'idée de passer à autre chose. Examinons maintenant quelques différences culturelles dans le langage corporel à l'aide d'exemples concrets. Cela nous aidera à mieux visualiser ces variations et nous fournira une carte pour naviguer sur le territoire fascinant de la communication interculturelle.

Tout d'abord, tournons-nous vers le Japon. Dans cette culture, la révérence est une forme centrale de salutation et de respect. De plus, la profondeur de l'inclinaison peut indiquer le niveau de respect que l'on porte à l'autre personne. Dans le chapitre 6, nous avons parlé de micro-expressions, mais ici, mon ami, nous parlons de micro-saluts. N'est-il pas fascinant de constater qu'une variation subtile d'un geste peut être porteuse de tant de sens ?

Puisque nous sommes en Asie, prenons un autre exemple intriguant : dans la culture thaïlandaise, la tête est considérée comme l'endroit le plus sacré du corps, et toucher la tête de quelqu'un, même dans un geste amical, peut être perçu comme un manque de respect. Imaginez l'ampleur des malentendus que cette différence culturelle peut provoquer si elle n'est pas connue à l'avance.

Passons maintenant à l'ouest, dans la péninsule arabique. Dans de nombreuses cultures du Moyen-Orient, un contact visuel direct et prolongé entre personnes du sexe opposé peut être considéré comme inapproprié. Toutefois, comme indiqué précédemment, dans de nombreuses cultures occidentales, le fait d'éviter le contact visuel peut être interprété comme de la malhonnêteté ou de la méfiance.

Traversons maintenant l'océan pour nous rendre en Amérique du Sud. Dans la plupart des cultures latino-américaines, le contact physique fait partie intégrante de l'interaction sociale. Les accolades et les baisers sur la joue sont des formes de salutation courantes, même entre des personnes qui se connaissent relativement bien.

Chacun de ces exemples nous montre à quel point il est important de tenir compte du contexte culturel lors de l'interprétation du langage corporel. Comme l'a dit le sociologue Erving Goffman dans son livre "La présentation de la personne dans la vie quotidienne" (1956), "la communication humaine, même dans sa forme la plus localisée, est une danse interculturelle".

Je vous invite donc, cher lecteur, à danser avec moi. En parcourant ces variations culturelles, nous apprendrons non seulement à bouger notre corps, mais aussi à ouvrir notre esprit. Apprécier ces différences n'est pas seulement un moyen de communiquer plus efficacement, mais aussi un pas vers une compréhension plus profonde et un plus grand respect de la diversité humaine.

Je me réjouis de poursuivre ce voyage avec vous. Êtes-vous prêt à aller de l'avant et à explorer encore plus profondément ce monde fascinant de la communication interculturelle ? Êtes-vous prêt à apprendre, à grandir et à vous connecter ? Allons-y !

J'espère que vous avez pris autant de plaisir que moi à explorer les merveilles de la diversité culturelle dans le langage corporel. Mais n'oubliez pas que la diversité culturelle ne se limite pas à ce que nous avons abordé jusqu'à présent. La vaste tapisserie de la communication humaine recèle bien d'autres richesses qui ne demandent qu'à être découvertes.

Vous vous souvenez de l'histoire de l'ambassadeur ? Son erreur n'était pas due à de mauvaises intentions, mais à un manque de connaissance de la culture locale. En ce sens, son histoire peut être une leçon précieuse pour chacun d'entre nous. Dans le monde globalisé d'aujourd'hui, l'interculturalité est plus pertinente que jamais. Chaque interaction, chaque conversation que nous avons peut être une occasion de grandir, d'apprendre et de comprendre.

Comme le mentionne le psychologue Paul Ekman dans son ouvrage "Telling Lies : Clues to Deceit in the Marketplace, Politics, and Marriage" (1985), le langage corporel est un livre ouvert, mais pour le lire, il faut en connaître la langue. Et dans le cas de la communication non verbale, cette langue a de nombreux dialectes.

Avec tout ce que nous avons abordé dans ce chapitre, j'espère que vous vous sentez mieux préparé à explorer le monde merveilleux de la communication interculturelle. Cependant, comme tout voyage, celui-ci comporte aussi des défis. Il se peut que vous rencontriez des barrières linguistiques, des différences de coutumes ou des malentendus culturels. Mais ne vous laissez pas décourager pour autant. Car chaque défi est une occasion d'apprendre, et chaque obstacle est une porte ouverte sur de nouvelles perspectives.

Et maintenant, mon ami, nous sommes à la fin de ce chapitre. Mais, comme on dit, chaque fin est un nouveau départ. Le prochain chapitre nous emmènera sur un terrain totalement nouveau : le langage corporel des enfants. Imaginez que vous puissiez mieux comprendre les enfants, voir le monde à travers leurs yeux... C'est un voyage qui promet d'être passionnant et d'ouvrir les yeux. Êtes-vous prêt à l'entreprendre ?

Avant de conclure, je voudrais vous remercier, cher lecteur, de m'avoir accompagné dans ce voyage. Votre curiosité, votre ouverture d'esprit et votre enthousiasme pour l'apprentissage en valent la peine. J'espère que vous vous sentirez tout aussi enthousiaste et engagé dans ce qui va suivre.

Prenons donc une grande respiration, sourions et préparons-nous à la prochaine étape de notre voyage. Je vous donne rendez-vous au chapitre 21. Je vous assure que ce sera une aventure inoubliable. À bientôt !

Chapitre 21 : Le silence chez les enfants : comprendre le langage corporel des enfants

Bienvenue dans un nouveau territoire passionnant et révélateur. Nous allons nous aventurer dans le monde fascinant de la communication des enfants. Vous êtes-vous déjà demandé ce qui se passe dans la petite tête d'un enfant ? Comment perçoit-il et exprime-t-il ses sentiments et ses pensées sans maîtriser totalement le langage verbal ? Ce chapitre est consacré à la découverte de l'énigme que constitue le langage corporel des enfants.

Pourquoi est-il essentiel de comprendre le langage corporel des enfants ? Permettez-moi d'illustrer mon propos par une anecdote personnelle. Quand j'étais petite, il y avait dans mon quartier un garçon qui était toujours seul. Il ne jouait pas avec les autres enfants et évitait toute interaction sociale. Par son comportement, il était évident que quelque chose n'allait pas. Toutefois, à l'époque, les adultes ne comprenaient pas son langage corporel et pensaient qu'il était simplement timide. Plus tard, les psychologues ont découvert qu'il souffrait d'anxiété sociale. Cet exemple nous rappelle que le langage corporel peut parfois être la seule fenêtre sur l'esprit d'un enfant.

La communication non verbale est un élément fondamental de la communication humaine, comme nous l'avons appris dans les chapitres précédents de ce livre. Mais pour les enfants, elle est encore plus importante. Les enfants apprennent à communiquer et à comprendre le monde qui les entoure par l'observation et l'interaction. Leurs actions, leurs postures, leurs expressions faciales et leurs mouvements peuvent nous en dire plus sur leurs sentiments et leurs pensées que nous ne pouvons l'imaginer.

Tout comme nous, les adultes, les enfants ont leur propre langage corporel. Mais qu'est-ce qui le différencie et comment pouvons-nous apprendre à le décrypter ? Dans cette exploration, nous trouverons les réponses à ces questions et à bien d'autres encore.

Pour comprendre le langage corporel des enfants, il faut apprendre à les observer et à les écouter. Observez leur comportement et écoutez ce qu'ils ne disent pas. Les enfants expriment souvent leurs émotions de manière plus authentique par leur langage corporel que par leurs mots. C'est particulièrement vrai pour les jeunes enfants qui n'ont pas encore acquis de compétences linguistiques sophistiquées. En tant qu'adultes, nous pouvons les aider à exprimer et à comprendre leurs propres émotions en apprenant à lire leur langage corporel.

Ce voyage de découverte nous permettra non seulement d'aider les enfants à se sentir compris et validés, mais aussi d'acquérir de précieuses connaissances sur la nature humaine. Comme l'a dit Maria Montessori, éducatrice italienne célèbre pour sa méthode d'enseignement révolutionnaire (La méthode Montessori, 1912), "la première tâche de l'éducation est d'éveiller la vie, mais de la laisser libre de se développer".

Nous voici donc prêts à ouvrir la porte d'un nouveau monde, celui du langage corporel des enfants. Je vous invite à vous immerger dans ce voyage d'apprentissage et de découverte. Êtes-vous prêt à aiguiser votre perception et à entrer dans le silence des enfants ?

Vous vous imaginez en train d'observer un enfant dans le parc. Il joue dans le bac à sable, le visage rayonnant de joie. Soudain, il s'arrête, son corps se crispe et il regarde autour de lui avec des yeux inquiets. Que s'est-il passé ? Comment l'atmosphère de ce moment a-t-elle changé si soudainement ? En bon observateur du comportement humain, vous vous rendez compte qu'il y a quelque chose dans le langage corporel de cet enfant qui vous parle, quelque chose qui est au-delà des mots.

Comme nous l'avons déjà mentionné, les jeunes enfants communiquent souvent principalement par le biais de leur langage corporel. Même lorsqu'ils acquièrent des compétences linguistiques, ils peuvent avoir des difficultés à exprimer leurs sentiments et leurs émotions avec des mots. C'est là que le langage corporel entre en jeu.

Vous souvenez-vous du chapitre "Les mains parlent : expressions et émotions de nos extrémités" ? Nous y avons mentionné comment les mains peuvent être un indicateur significatif de nos émotions intérieures. Ce concept est particulièrement pertinent chez les enfants. Observez comment un enfant utilise ses mains lorsqu'il est heureux, effrayé, nerveux ou excité. Serre-t-il les poings lorsqu'il est en colère ? Ouvre-t-il les mains et remue-t-il les doigts lorsqu'il est excité ? L'observation de ces détails peut fournir des informations précieuses.

Et n'oubliez pas les expressions faciales. Comme nous l'avons mentionné dans le chapitre "Déchiffrer les micro-expressions : La vérité cachée en une fraction de seconde", les micro-expressions peuvent être de puissants indicateurs des émotions réelles. Chez les enfants, ces micro-expressions peuvent être encore plus évidentes. Par exemple, un enfant peut sourire brièvement avant que son visage ne devienne sérieux, ce qui indique que quelque chose l'amuse, même s'il ne veut pas l'admettre.

Il est intéressant de noter qu'Ekman et Friesen, dans leur ouvrage fondateur "Unmasking the Face" (1975), ont expliqué que les micro-expressions, bien que fugaces, peuvent être extrêmement révélatrices. C'est particulièrement vrai chez les enfants, qui n'ont pas encore appris à contrôler ou à dissimuler leurs réactions émotionnelles.

Lors de l'observation des enfants, il est donc essentiel d'être attentif à ces signes. Mais, comme vous le savez, l'observation ne suffit pas. Il faut apprendre à interpréter ce que l'on voit. C'est un art, et comme tout art, cela demande de la pratique.

Les enfants n'ont peut-être pas le vocabulaire nécessaire pour exprimer leurs émotions, mais cela ne signifie pas qu'ils ne peuvent pas s'exprimer. Ils utilisent plutôt le langage qu'ils connaissent le mieux : le langage corporel. En comprenant cela, nous nous rapprochons du mystère de leur silence.

Ainsi, la prochaine fois que vous serez en présence d'un enfant, je vous invite à l'observer attentivement, à essayer de lire son langage corporel et vous serez peut-être surpris de voir tout ce que vous pouvez apprendre. Essayez de lire leur langage corporel et vous serez peut-être surpris de voir tout ce que vous pouvez apprendre. Êtes-vous prêt à relever ce défi ? Êtes-vous prêt à voir au-delà de l'évidence et à découvrir le silence chez les enfants ?

Laissez-moi maintenant vous emmener dans un voyage plus profond dans l'esprit d'un enfant. Les enfants ont un monde intérieur riche et vivant qui, si nous sommes prêts à l'écouter, peut nous révéler de profondes vérités. Vous souvenez-vous quand nous étions nous-mêmes des enfants ? Notre imagination ne connaissait pas de limites et notre langage corporel était l'expression directe et sans entrave de nos émotions intérieures.

Pensez à un moment où vous avez observé un enfant complètement absorbé par son jeu. La posture détendue, l'expression concentrée, les mains occupées et les mouvements spontanés - avez-vous remarqué ce que son langage corporel vous disait vraiment ? C'était l'expression d'un engagement total, d'une présence totale dans l'instant. C'est un cadeau que les enfants nous offrent avec leur langage corporel. Il nous rappelle à quel point il est précieux d'être pleinement présent, de vivre chaque instant en pleine conscience.

Elle rappelle à nouveau les travaux de Paul Ekman qui, avec Wallace Friesen, a mis au point le système de codage des actions faciales (FACS) dans les années 1970. Ce système analyse les contractions subtiles des muscles du visage pour interpréter les émotions exprimées. Vous pouvez appliquer ces connaissances en observant les enfants. Il peut être étonnamment révélateur de voir comment leurs visages changent et bougent à chaque nouvelle expérience ou émotion.

La posture peut également être un indicateur puissant de l'état émotionnel de l'enfant. Un enfant qui se tient debout, les épaules affaissées et la tête baissée, peut exprimer de la tristesse ou du découragement. En revanche, un enfant qui saute et bouge énergiquement est probablement plein d'excitation et d'enthousiasme.

Imaginons maintenant le scénario suivant. Un enfant joue avec ses amis dans le parc. Soudain, il tombe et se blesse au genou. Vous le voyez s'immobiliser, toucher son genou et chercher sa mère. Bien qu'il n'ait pas dit un mot, son langage corporel a clairement communiqué sa détresse.

Les enfants nous apprennent que la communication non verbale est souvent plus honnête et plus directe que les mots. Comme l'a dit la grande auteure et activiste Maya Angelou, "Les mots sont des choses. Il faut être prudent, il faut être prudent avec eux". Le langage corporel, quant à lui, est plus difficile à cacher ou à déguiser.

Apprendre à lire et à interpréter le langage corporel des enfants nous permet d'établir avec eux des liens plus profonds et plus significatifs. Je vous encourage donc à vous y exercer. Regardez, écoutez et apprenez des enfants de votre entourage. Je vous assure qu'ils vous apprendront plus que vous ne pouvez l'imaginer. Êtes-vous prêt à poursuivre ce voyage d'apprentissage ? Car, je vous le promets, le voyage ne fait que commencer.

Avez-vous déjà remarqué que les enfants semblent disposer d'un canal de communication non verbale totalement ouvert et fluide entre eux ? Si vous avez déjà observé un groupe d'enfants en train de jouer, vous avez peut-être remarqué cette incroyable capacité qu'ils ont à se comprendre sans avoir besoin de mots. C'est comme s'ils parlaient une langue complètement différente, une langue dont nous, adultes, nous sentons parfois exclus.

Réfléchissez un instant. Les enfants utilisent souvent des gestes, des expressions faciales et d'autres formes de langage corporel pour communiquer entre eux. C'est un aspect que nous, adultes, négligeons ou minimisons souvent, mais la vérité est que ces méthodes de communication non verbale peuvent être extrêmement efficaces.

Même les bébés, qui n'ont pas encore acquis la capacité de parler, sont passés maîtres dans l'art de la communication non verbale. Pensez à la façon dont un bébé peut pleurer, sourire, regarder fixement ou faire des gestes pour indiquer ses besoins et ses désirs. Il s'agit d'un langage sans mots, mais il est incroyablement puissant.

Le langage de l'enfant est un langage sans mots", écrivait en 1907 Maria Montessori, la célèbre éducatrice et pionnière de l'approche Montessori de l'éducation de la petite enfance. Aujourd'hui encore, plus d'un siècle plus tard, ces mots sont toujours aussi vrais.

Que pouvons-nous donc apprendre de tout cela ? Tout d'abord, nous devons nous rappeler que la communication non verbale est un aspect fondamental de toutes nos interactions, et pas seulement dans le cas des enfants. Cependant, en observant les enfants et en prêtant attention à la manière dont ils utilisent le langage corporel, nous pouvons apprendre beaucoup de choses sur la manière d'améliorer nos propres compétences en matière de communication.

En outre, en comprenant mieux le langage corporel des enfants, nous pouvons entrer en contact avec eux d'une manière plus profonde et plus authentique. Nous pouvons apprendre à comprendre leurs besoins et leurs émotions et y répondre plus efficacement.

En bref, cette exploration du langage corporel des enfants nous offre une occasion précieuse d'apprendre, de grandir et d'établir des liens plus profonds avec les enfants qui font partie de notre vie. J'espère sincèrement qu'elle vous a inspiré autant qu'elle m'a inspiré.

Mais ne vous inquiétez pas, il y a encore beaucoup à découvrir. Dans le prochain chapitre, nous allons plonger dans le monde fascinant des techniques de décodage avancées. Êtes-vous prêt à passer au niveau supérieur de vos compétences en matière de lecture du langage corporel ? Je vous promets que ce sera un voyage fascinant et enrichissant.

Chapitre 22 : Techniques de décodage avancées : au-delà de l'observation directe

Bienvenue, cher ami, dans l'une des parties les plus passionnantes de notre voyage ensemble dans le monde fascinant du langage corporel. Nous allons nous plonger dans les techniques avancées de décodage, ce territoire mystérieux où le regard passe du statut de simple spectateur à celui de détecteur de subtilités, de décodeur de messages cachés.

Tout d'abord, j'aimerais que vous vous demandiez pourquoi il est si important d'aborder ces techniques avancées. Après tout, vous pouvez penser que nous avons déjà couvert beaucoup de terrain dans les chapitres précédents. Pourquoi avons-nous besoin d'aller au-delà de l'observation directe ?

Pour répondre à cette question, réfléchissez à la différence entre l'écoute d'une conversation dans une langue étrangère et l'écoute de la même conversation après avoir étudié et appris la langue. Dans le premier cas, vous pouvez saisir quelques mots et peut-être deviner le sujet général de la conversation. Dans le second cas, vous pouvez comprendre précisément ce qui est dit, saisir les subtilités et les implications, et participer pleinement à la conversation.

Il en va de même pour le langage corporel. Si nous sommes tous intuitivement capables de lire certains signaux non verbaux, des techniques de décodage avancées nous permettent de comprendre le langage corporel à un niveau beaucoup plus profond et précis. Elles nous permettent de déceler les subtilités, les incohérences et les vérités cachées. Elles nous permettent de nous engager plus pleinement dans nos interactions avec les autres et, en fin de compte, de nous connecter avec les autres d'une manière plus authentique et plus significative.

Je vous invite à y réfléchir un instant. Imaginez comment vos interactions avec les autres changeraient si vous pouviez comprendre leur langage corporel d'une manière aussi profonde. Imaginez comment votre capacité à entrer en contact avec les autres, à comprendre leurs besoins et leurs émotions, à communiquer efficacement changerait.

Il existe une autre raison pour laquelle il est si important de comprendre les techniques de décodage avancées. Dans notre société de plus en plus numérique, nous sommes constamment entourés d'images et de vidéos. De plus en plus, nos interactions avec les autres se font par l'intermédiaire d'un écran. Dans ce contexte, notre capacité à lire le langage corporel devient encore plus critique.

Alors, êtes-vous prêt à franchir la prochaine étape de ce voyage passionnant ? Êtes-vous prêt à entrer dans le monde fascinant des techniques de décodage avancées ? Ne vous inquiétez pas, je serai à vos côtés à chaque étape, je vous guiderai, je vous soutiendrai et je me réjouirai avec vous de l'acquisition de ces précieuses compétences.

Comme le souligne Joe Navarro, ancien agent du FBI et expert en langage corporel, dans son livre "What Every BODY is Saying" (2008), "le langage corporel est un art et, comme tout art, il nécessite non seulement des connaissances, mais aussi de la pratique". Mettons donc en pratique ces techniques de décodage avancées et perfectionnons notre art de comprendre le dialogue silencieux du corps.

Notre voyage vers des techniques de décodage avancées commence par la capacité à détecter les incongruités dans le langage corporel. On parle d'incongruité lorsque le langage corporel d'une personne ne correspond pas à ce qu'elle dit verbalement. Ce décalage peut être le signe que la personne cache quelque chose ou n'est pas tout à fait honnête.

Par exemple, quelqu'un peut dire qu'il est d'accord avec vous, mais s'il croise les bras sur sa poitrine en le disant, c'est un signe de défense ou de résistance. Est-il vraiment d'accord ou dit-il ce qu'il pense que vous voulez entendre tout en cachant son véritable désaccord ? Vous vous souvenez sans doute que nous avons abordé ce sujet au chapitre 16, "Les barrières invisibles : identifier et gérer les signaux défensifs". Aujourd'hui, nous allons plus loin : nous ne nous contenterons pas d'identifier le geste lui-même, mais nous reconnaîtrons également l'incongruité entre le geste et le message verbal.

Un autre exemple est celui d'une personne qui sourit en racontant une histoire triste. Le sourire peut être un masque, une tentative de cacher sa véritable émotion. Vous vous souviendrez que nous avons parlé de l'authenticité des sourires au chapitre 13, "Au-delà des sourires : L'authenticité des expressions faciales". Dans cette phase avancée, nous reprenons cette compréhension du sourire et l'appliquons au contexte général de la communication d'une personne, en recherchant les incongruités.

Dans son livre "Telling Lies" (1985), l'expert en communication non verbale Paul Ekman apporte un éclairage précieux sur ce concept. Il affirme que les véritables émotions sont souvent filtrées dans des "micro-expressions", qui sont extrêmement rapides et souvent difficiles à détecter. Bien que nous ayons déjà abordé la question des micro-expressions au chapitre 6, nous souhaitons ici nous concentrer sur la manière dont ces micro-expressions peuvent constituer un outil puissant pour détecter les incongruités. Si vous apprenez à détecter ces microexpressions, vous serez en mesure de déceler les véritables émotions que quelqu'un essaie de cacher.

Ces techniques avancées peuvent sembler un peu intimidantes au début, mais ne vous inquiétez pas, avec le temps et la pratique, vous deviendrez un décodeur expert. De plus, ces concepts, même s'ils peuvent sembler complexes, sont basés sur les principes fondamentaux que nous avons déjà abordés dans les chapitres précédents. En appliquant ce que nous avons déjà appris et en ajoutant ces techniques avancées, vous êtes prêt à porter votre capacité à comprendre le langage corporel à de nouveaux sommets.

Mais ne vous précipitez pas. Prenez votre temps. Appréciez le processus. La beauté du langage corporel est qu'il est toujours présent, qu'il parle toujours, qu'il y a toujours quelque chose de nouveau à apprendre et à comprendre. Et n'oubliez pas que je suis ici avec vous, en tant qu'ami, pour vous guider sur ce chemin. Parce que c'est un chemin qui vaut la peine d'être parcouru, plein de découvertes et d'intuitions qui vous permettront de communiquer et de vous connecter avec les autres d'une manière plus profonde et plus significative que jamais.

Plongeons maintenant un peu plus profondément dans l'océan du langage corporel pour explorer une technique avancée connue sous le nom de "ligne de base". La ligne de base fait référence au comportement normal ou typique d'une personne lorsqu'elle est dans un état d'esprit neutre et détendu. Chacun d'entre nous possède une "ligne de base" unique, une sorte de schéma comportemental auquel nous avons tendance à revenir lorsque nous ne sommes pas stressés ou que nous ne ressentons pas d'émotions fortes.

Pourquoi est-il important de connaître la ligne de base d'une personne ? Comme le rappelle Mark Bowden, expert en langage corporel, dans son livre "Winning Body Language" (2010), comprendre la ligne de base d'une personne permet de détecter les écarts par rapport à ce comportement normal. Et ces écarts, à leur tour, peuvent être le signe que quelque chose se passe. Ils peuvent indiquer que la personne ressent une forte émotion, qu'elle cache quelque chose, voire qu'elle ment.

Prenons un exemple concret. Imaginez que vous ayez un ami qui est habituellement très expressif et qui parle avec les mains. C'est son comportement "de base". Si, au cours d'une conversation, cet ami cesse soudainement de faire des gestes et devient très calme, il s'agit d'un écart par rapport à son comportement de base. Quelque chose a changé. Il peut être préoccupé, nerveux ou retenir des informations. C'est à vous, en tant que lecteur de langage corporel compétent, d'approfondir la question et de découvrir ce qui se passe.

De même, si vous connaissez la ligne de base d'une personne et que vous remarquez qu'elle se touche le visage ou le cou plus souvent que d'habitude, qu'elle cligne rapidement des yeux ou qu'elle détourne le regard lorsqu'elle parle, il s'agit également de déviations qui méritent d'être étudiées.

C'est là que les techniques de décodage avancées deviennent vraiment passionnantes. Non seulement nous observons le langage corporel d'une personne, mais nous prêtons également attention aux changements de ce langage corporel et nous utilisons ces changements pour mieux comprendre ce que cette personne peut ressentir ou penser.

Cela vous amuse-t-il, cher lecteur ? Parce que moi, je m'amuse. Il n'y a rien de plus fascinant que la complexité et la subtilité du langage corporel. C'est comme un puzzle perpétuel, en constante évolution, qui nous pousse toujours à en apprendre davantage et à mieux comprendre.

Et, comme toujours, je suis là pour vous soutenir dans ce voyage. Comme un ami qui vous tend la main, qui partage votre enthousiasme à chaque nouvelle découverte et qui se réjouit avec vous chaque fois que vous découvrez une nouvelle couche de compréhension du langage corporel. Ensemble, nous devenons de véritables maîtres de la communication non verbale. Et ça, cher lecteur, c'est quelque chose de vraiment spécial.

Mais le voyage ne s'arrête pas là. En poursuivant notre exploration, nous découvrons un autre concept fascinant : la congruence. Dans la communication non verbale, la congruence fait référence à l'alignement entre les mots qui sont prononcés et le langage corporel qui les accompagne.

Pensez à la dernière fois que quelqu'un vous a dit quelque chose, mais que son langage corporel semblait dire le contraire. Peut-être a-t-il dit "ça va" en évitant le contact visuel et en croisant les bras. Ou bien il vous a dit "J'adore ton idée" alors que ses yeux se promenaient dans la pièce et que son sourire semblait forcé. Dans ces moments-là, vous savez instinctivement que quelque chose ne colle pas.

Paul Ekman, psychologue et pionnier de l'étude des émotions et de l'expression faciale, souligne l'importance de la congruence dans son livre "Telling Lies" (2009). Selon Ekman, les incohérences entre les mots et le langage corporel peuvent être un signe révélateur de tromperie.

À ce stade, j'imagine que vous êtes sur une sorte de grand huit de la connaissance et de la découverte. Chaque technique, chaque concept que nous explorons, vous fait avancer d'un pas, fait de vous un décodeur plus sophistiqué du langage corporel. Et bien que cela puisse être un défi, j'espère que vous le trouverez également passionnant.

Et voilà, mon ami. Ensemble, nous avons parcouru le monde fascinant des techniques avancées de décodage du langage corporel. De l'observation directe et consciente à la ligne de base et à la congruence. Chacune de ces techniques vous permet d'approfondir votre compréhension du langage corporel et de l'utiliser pour communiquer de manière plus efficace et plus empathique.

Mais quelle est la suite de ce voyage que nous entreprenons ensemble ? Eh bien, dans le prochain chapitre, nous allons entrer dans le domaine de la formation. Nous allons parler de la manière dont vous pouvez améliorer votre perception des signaux non verbaux, comment vous pouvez aiguiser votre "œil" et votre "esprit" pour le langage corporel. Et je vous promets que ce sera tout aussi fascinant et utile que tout ce que nous avons abordé jusqu'à présent.

Je vous invite donc à aller de l'avant, à ouvrir la porte du chapitre 23 et à plonger dans le monde passionnant de la formation à la perception non verbale. Comme toujours, je serai à vos côtés, je vous guiderai, je vous soutiendrai, je partagerai votre enthousiasme et votre émerveillement. Parce que c'est ce que font les amis, n'est-ce pas ? Et vous et moi, cher lecteur, c'est exactement ce que nous sommes. Alors, vous êtes prêts, c'est parti !

Chapitre 23 : Entraînement des yeux et de l'esprit : Améliorer la perception des signaux non verbaux

Vous êtes-vous déjà demandé ce que cela ferait d'avoir un superpouvoir ? Avez-vous déjà rêvé de pouvoir lire dans les pensées ou de déchiffrer des intentions cachées ? Vous n'êtes pas le seul. Des pages de bandes dessinées aux écrans de cinéma, l'idée de posséder de telles capacités a fasciné des générations de personnes. Mais que vous dirais-je si je vous disais que vous possédez déjà une sorte de superpouvoir, qu'il vous suffit de l'entraîner et de l'affiner ?

Une chose que vous avez découverte au cours de votre voyage dans ce livre est que le corps parle. Il parle silencieusement, mais souvent plus que les mots ne peuvent l'exprimer. Comprendre ce langage silencieux est votre superpouvoir. Et comme tous les superpouvoirs, il nécessite un entraînement et une pratique pour être utilisé à son plein potentiel. C'est précisément ce dont nous allons parler dans ce chapitre : comment vous pouvez entraîner votre œil et votre esprit pour améliorer votre perception des signaux non verbaux.

Pourquoi est-ce important ? Permettez-moi de répondre à cette question par une autre : avez-vous déjà souhaité avoir une seconde chance de faire une première impression ? Avez-vous déjà voulu comprendre pourquoi une conversation qui semblait bien se dérouler est soudain devenue gênante ? Ou pourquoi une négociation qui semblait se dérouler en votre faveur a fini par prendre une direction complètement différente ? La réponse à toutes ces questions réside dans la perception et la compréhension du langage corporel.

Dans son livre "What Every Body is Saying" (2008), l'auteur et expert en communication non verbale Joe Navarro affirme que le langage corporel peut révéler les véritables intentions, émotions et pensées d'une personne, parfois même avant qu'elle n'en soit consciente. C'est là toute la puissance de ce superpouvoir. Mais pour libérer tout son potentiel, nous devons affiner nos capacités de perception. Nous devons entraîner à la fois l'œil et l'esprit.

Mais comment faire ? Comment entraîner l'œil et l'esprit ? Existe-t-il des exercices ou des techniques spécifiques qui peuvent nous aider ? La réponse à toutes ces questions est un oui retentissant, et je suis ravie de partager avec vous ce que j'ai appris au cours de mes années d'étude et de pratique dans le domaine fascinant de la communication non verbale.

La première chose à savoir est que l'entraînement perceptif est un processus et non un événement. Ce n'est pas quelque chose que l'on fait une fois et que l'on oublie ensuite. Il s'agit d'un engagement permanent à apprendre, à se développer et à s'améliorer. C'est comme aller à la salle de sport. Vous ne pouvez pas vous attendre à soulever des poids une seule fois et à avoir soudainement les muscles d'un bodybuilder. Pour obtenir des résultats, il faut s'entraîner régulièrement et de manière cohérente. Il en va de même pour l'entraînement perceptif.

Comme pour tout type de formation, il est utile d'avoir un plan. Dans ce chapitre, nous explorerons différents aspects de ce plan, en commençant par la façon dont vous pouvez entraîner votre œil à capter des signaux non verbaux plus subtils.

Alors, comment entraîner notre œil à capter des signaux non verbaux plus subtils ?

Nous commençons par observer. Oui, je sais que cela semble évident, mais vous seriez surpris de voir combien de personnes traversent la vie sans vraiment observer les autres. Nous sommes tellement occupés par nos propres pensées et préoccupations que nous oublions de prêter attention aux subtilités de la communication non verbale.

Saviez-vous que le grand détective Sherlock Holmes, créé par Arthur Conan Doyle en 1887, était passé maître dans l'art de lire le langage corporel ? Grâce à son sens aigu de l'observation, il pouvait déduire une foule d'informations sur ses interlocuteurs. Je ne vous suggère pas de devenir détective, mais il y a quelque chose que nous pouvons apprendre de Holmes, et c'est la capacité d'observer activement.

L'observation active n'est pas un simple regard, c'est un processus de concentration intensive et d'analyse consciente. Elle implique non seulement de voir ce qui se trouve devant nous, mais aussi d'en comprendre la signification.

Par exemple, si vous êtes en train de parler à quelqu'un et que vous remarquez que ses pieds sont dirigés vers la porte, cela peut être un signe que la personne veut partir. Comme vous l'avez appris au chapitre 2, cela peut être le signe que la personne veut partir. Mais au lieu de tirer des conclusions hâtives, prenez le temps d'observer davantage. Y a-t-il d'autres signes qui indiquent la même chose ? Peut-être regarde-t-elle sa montre ou son ton de voix est-il devenu plus monotone ? Ou bien est-elle engagée dans la conversation et montre-t-elle de l'enthousiasme à travers ses gestes et ses expressions faciales ?

Ne portez pas de jugement hâtif. Adoptez plutôt une approche globale de la lecture du langage corporel. Prenez en compte tous les signaux et la façon dont ils interagissent les uns avec les autres.

Cependant, il n'est pas facile de développer une compétence aussi profonde que l'observation active. Il faut de la pratique et de la patience. Mais voici un petit exercice que vous pouvez commencer à faire tout de suite : la prochaine fois que vous serez en réunion ou que vous regarderez les gens passer dans un café, essayez d'observer les personnes qui vous entourent. Quels indices non verbaux pouvez-vous identifier ? Pouvez-vous deviner leur humeur ou leurs intentions simplement à partir de leur langage corporel ?

Au début, vous trouverez peut-être cela difficile, mais avec le temps, vous serez étonné de voir tout ce que vous pouvez discerner simplement en observant. Et, à chaque observation, vous renforcerez votre superpouvoir de perception.

Bien entendu, l'observation active n'est que la première étape de la formation de l'œil et de l'esprit. Il y a encore beaucoup à apprendre et à explorer. Mais n'êtes-vous pas déjà enthousiaste à l'idée du chemin à parcourir ? Imaginez à quel point votre communication sera mieux comprise et plus efficace si vous développez pleinement ces compétences. Que ce soit au travail, dans les relations personnelles ou même avec vous-même, les possibilités sont vraiment infinies.

Toutefois, ne vous laissez pas gagner par l'euphorie. N'oubliez pas que la route est longue et qu'elle exige dévouement et patience. Je vous promets que cela en vaudra la peine, c'est garanti. Comme l'a dit le grand auteur et penseur Aldous Huxley, "La perception est le tout". En développant votre capacité à percevoir et à comprendre le langage corporel, votre monde s'élargira comme vous ne l'auriez jamais imaginé.

Mais l'observation active n'est pas la seule chose dont nous avons besoin pour améliorer notre perception des signaux non verbaux. Nous devons également comprendre que nos propres croyances et préjugés peuvent affecter notre interprétation de ces signaux. En fait, le psychologue social Daniel Kahneman, lauréat du prix Nobel, explore ce concept en profondeur dans son livre "Thinking, Fast and Slow" (2011). Kahneman parle des biais cognitifs qui nous conduisent souvent à mal interpréter les informations et à prendre des décisions irrationnelles.

Par exemple, le biais de confirmation peut nous amener à interpréter des indices non verbaux de manière à renforcer nos croyances et nos attentes. Si vous pensez qu'une personne est malhonnête, vous pouvez trouver dans son comportement des indices qui confirment cette croyance, en ignorant d'autres indices qui pourraient suggérer le contraire. Pour former efficacement notre esprit à la perception non verbale, nous devons être conscients de ces biais et apprendre à en minimiser l'impact.

Et comment faire ? Une première étape pourrait consister à remettre activement en question nos propres interprétations. Chaque fois que vous lisez les signaux non verbaux d'une personne, posez-vous la question suivante : est-ce que j'interprète ces signaux à travers le prisme de mes propres croyances et préjugés ? Existe-t-il d'autres interprétations possibles ?

Prenons un exemple. Imaginez que vous êtes en réunion de travail et que vous remarquez que votre patron croise les bras pendant que vous parlez. Vous pourriez interpréter cela comme un signe de désaccord ou même de défensive. Mais n'y a-t-il pas d'autre explication - n'a-t-il pas tout simplement froid ? Ou peut-être est-ce une position confortable pour lui ?

En vous interrogeant de la sorte, vous vous forcez à aller au-delà de vos premières impressions et à envisager un plus large éventail de possibilités. Il s'agit là d'une compétence inestimable, non seulement pour lire le langage corporel, mais aussi pour la vie en général.

Mais bien sûr, ce processus de remise en question demande de la pratique, tout comme l'observation active. Voici donc une autre tâche pour vous : la prochaine fois que vous ferez une interprétation basée sur le langage corporel, prenez un moment pour y réfléchir. Remettez en question vos propres hypothèses et envisagez d'autres interprétations possibles.

Et ne vous inquiétez pas si vous trouvez cela difficile au début. Comme toute nouvelle compétence, il faut du temps pour la développer. Mais soyez patient avec vous-même. N'oubliez pas que, comme nous l'avons mentionné au chapitre 16, nous faisons tomber des barrières invisibles. Et à chaque barrière franchie, vous ferez un pas de plus vers la maîtrise de cette danse complexe qu'est le langage corporel.

Maintenant que l'entraînement de l'œil et la remise en question de nos propres interprétations sont couverts, une question cruciale se pose : comment entraîner notre esprit à être plus réceptif aux signaux non verbaux ? La réponse, mon ami, réside dans une combinaison de conscience de soi, de réflexion et de pratique constante.

C'est là qu'intervient la "méditation de pleine conscience". Cette technique, popularisée par le psychologue et spécialiste de la méditation Jon Kabat-Zinn dans son livre "Living Crises Fully" (1990), peut constituer un complément puissant à votre formation à la perception non verbale. La pleine conscience, en termes simples, est l'acte d'être pleinement présent dans le moment présent, en observant sans jugement nos pensées, nos émotions et nos sensations corporelles. En pratiquant la pleine conscience, vous pouvez entraîner votre esprit à être plus observateur et moins réactif, ce qui, à son tour, peut améliorer votre capacité à capter et à comprendre les signaux non verbaux.

En résumé : nous sommes en train d'affiner notre capacité à percevoir et à comprendre le langage corporel, ce moyen de communication silencieux mais puissant que nous partageons tous. Nous avons exploré l'importance de l'observation active, de la prise de conscience et de la gestion de nos préjugés personnels, et maintenant, comment la méditation peut jouer un rôle vital dans notre perception.

Mais le voyage ne s'arrête pas là. N'oubliez pas que chaque pas que vous faites sur ce chemin est un pas vers une meilleure compréhension de vous-même et des autres. Ne désespérez pas si le chemin vous semble parfois difficile. Comme l'a dit le philosophe Friedrich Nietzsche, "ce qui ne vous tue pas vous rend plus fort". Alors, gardez la tête haute et continuez à avancer - je suis avec vous à chaque étape du chemin !

Et maintenant, êtes-vous prêt pour la prochaine étape de ce voyage passionnant ? Dans le prochain chapitre, nous nous pencherons sur les nombreuses applications du langage corporel, des relations personnelles au monde du travail. Vous découvrirez comment les compétences que vous avez développées tout au long de ce livre peuvent vous aider à naviguer et à prospérer dans une variété de situations.

Voulez-vous devenir un meilleur négociateur, un leader plus efficace ou simplement mieux comprendre les gens qui vous entourent ? Si c'est le cas, je vous promets que vous trouverez le prochain chapitre fascinant et extrêmement utile. D'ici là, continuez à vous entraîner, à vous développer et à décoder les silences !

Chapitre 24 : Applications du langage corporel : des relations personnelles au lieu de travail

Vous êtes-vous déjà demandé comment le langage corporel peut être utilisé pour améliorer vos relations personnelles et professionnelles ? Comment la lecture du langage corporel peut-elle influencer votre interaction avec les autres et la façon dont les autres vous perçoivent ? Bienvenue, cher lecteur, dans le vaste monde des applications pratiques du langage corporel.

Vous souvenez-vous du chapitre 17 intitulé "Le langage corporel en amour : découvrir les signes de l'attirance" ? Ce n'était qu'un exemple de la façon dont le langage corporel peut être utile dans les relations personnelles. Aujourd'hui, nous allons explorer bien d'autres domaines, et je vous assure que vous serez surpris de découvrir tout ce qu'une compréhension approfondie du langage corporel peut apporter à votre vie quotidienne.

Ce qui est important ici, c'est de comprendre qu'il ne s'agit pas seulement d'apprendre à décoder les gestes et les postures, mais aussi d'apprendre à appliquer ces connaissances dans la vie réelle. Comme le dit le psychologue et auteur Daniel Goleman dans son livre "Emotional Intelligence" (1995), "l'empathie représente le fondement de la compréhension interpersonnelle". Et qu'est-ce que la lecture du langage corporel si ce n'est une forme d'empathie, une façon de comprendre les autres au-delà des mots ?

Avant d'entrer dans le vif du sujet, permettez-moi de vous poser la question suivante : vous êtes-vous déjà trouvé dans une situation où vous auriez aimé pouvoir lire dans l'esprit de votre interlocuteur ? Avez-vous déjà souhaité pouvoir comprendre ce qu'il ressentait ou pensait vraiment, au-delà de ce que ses mots disaient ?

Si je ne peux pas vous promettre de pouvoir lire dans les pensées, je peux vous assurer qu'une fois que vous aurez acquis la capacité de lire et de comprendre le langage corporel, vous vous sentirez beaucoup plus proche de cet idéal. Vous vous rendrez compte que, dans de nombreux cas, vous n'avez pas besoin de lire dans l'esprit de quelqu'un pour mieux le comprendre. Tout ce dont vous avez besoin est là, bien en vue, dans ses gestes, dans ses postures, dans son regard et dans ses mouvements.

Mais comment mettre en pratique toutes ces connaissances sur le langage corporel dans vos interactions quotidiennes ? Comment les utiliser au travail, dans les négociations, dans les réunions de famille ou même lors des rendez-vous galants ? C'est là que les choses sérieuses commencent, mon cher ami. Alors, préparez-vous et attachez votre ceinture. Le voyage à travers les applications pratiques du langage corporel ne fait que commencer.

Nous voici donc partis ensemble à la découverte de la façon d'appliquer le langage corporel dans nos vies. Et croyez-moi quand je vous dis que ce que vous allez apprendre ici peut vraiment changer la donne. Nous parlons ici d'outils et d'idées qui pourraient redéfinir vos relations avec les gens qui vous entourent. Mais comment y parvenir ?

Commençons par les relations personnelles, le fondement de notre vie sociale. Nous avons tous connu des moments d'incompréhension et de conflit avec des amis, des partenaires ou des membres de la famille. Souvent, ces problèmes découlent de mots mal compris ou d'une mauvaise communication. Et si je vous disais qu'une grande partie de cette communication va au-delà des mots ?

Selon le professeur Mehrabian, auteur du livre "Silent Messages : Implicit Communication of Emotions and Attitudes" (1981), 55 % de la communication se fait par le langage corporel. Pensez-y un instant : combien de fois avez-vous senti que quelque chose n'allait pas, même si les mots de la personne indiquaient le contraire ? C'est le pouvoir du langage corporel.

Comment pouvons-nous donc appliquer ces connaissances à nos relations personnelles ? C'est là qu'intervient l'observation active. C'est là qu'intervient l'observation active, dont nous avons parlé au chapitre 22. L'observation active ne consiste pas seulement à regarder, mais aussi à interpréter ce que l'on voit. Dans le contexte des relations personnelles, cela signifie prêter attention aux gestes, aux postures et aux expressions faciales des personnes qui vous sont chères.

En outre, lorsque nous sommes plongés dans des situations chargées d'émotion, telles qu'une dispute animée ou un échange de sentiments profonds, il est facile d'oublier que notre corps s'exprime également. En apprenant à écouter notre corps et à interpréter les signaux de celui des autres, nous pouvons naviguer dans ces situations avec plus de compréhension et d'empathie.

Imaginez que vous puissiez détecter que votre ami est mal à l'aise, même s'il insiste sur le fait qu'il va bien. Imaginez que vous puissiez montrer de l'empathie et de l'affection à votre partenaire, non seulement avec des mots, mais aussi avec votre propre langage corporel. Ou pensez à ce que ce serait de pouvoir interpréter les subtilités de la communication avec vos enfants, ce qui vous permettrait de mieux comprendre leurs sentiments et leurs pensées.

Tout cela, mon cher ami, est possible grâce à la compréhension et à l'application du langage corporel. Et nous n'en sommes qu'au début. Faisons un pas de plus et voyons comment nous pouvons apporter ces connaissances dans l'environnement de travail dans la prochaine partie de notre voyage. Êtes-vous prêt pour le prochain saut ? Je vous assure que le voyage devient encore plus fascinant.

Tout comme dans les relations personnelles, le langage corporel joue un rôle clé sur le lieu de travail. Il n'est pas étonnant que des experts tels que le Dr Joe Navarro, ancien agent du FBI et auteur de "What Every BODY is Saying" (2008), soulignent l'importance de la capacité à lire et à interpréter le langage corporel dans un environnement professionnel.

Dans le monde du travail, le langage corporel peut être un outil puissant de négociation, de leadership et de persuasion. Imaginez que vous êtes en réunion avec un client potentiel. Votre client croise les bras et se penche en arrière pendant que vous parlez. Est-il simplement à l'aise ou exprime-t-il une résistance à ce que vous dites ? Si vous parvenez à décoder son langage corporel, vous disposez d'un avantage inestimable pour adapter votre stratégie et réussir à le persuader.

Qu'en est-il des entretiens d'embauche ? Selon une étude de l'université du Michigan, la première impression est cruciale et la plupart des premières impressions se forment dans les sept premières secondes de l'interaction. Pendant cette période, ce n'est pas ce que vous dites, mais la façon dont vous vous présentez qui fait la différence. Une poignée de main ferme, un contact visuel confiant, une posture ouverte et détendue peuvent faire la différence entre l'obtention ou non d'un emploi.

Ou pensez au leadership - vous vous souvenez que nous avons parlé du pouvoir des micro-expressions au chapitre 6 ? Dans une position de leadership, être capable de lire ces expressions rapides et souvent inconscientes peut vous donner une idée de ce que pense réellement votre équipe. D'autre part, le contrôle de vos propres micro-expressions peut vous aider à projeter confiance et assurance, renforçant ainsi votre autorité et votre crédibilité.

Dans tous ces cas, le langage corporel est un outil qui nous permet d'aller au-delà des mots et de nous connecter avec les autres à un niveau plus profond. Après tout, comme l'a dit le célèbre psychologue et écrivain Paul Ekman dans "Emotions Revealed" (2003), "Le corps ne sait pas mentir".

Faisons une petite pause dans notre voyage pour réfléchir à tout cela. Je vous lance un défi, mon ami. Au cours de la semaine prochaine, soyez attentif au langage corporel des personnes qui vous entourent, tant dans votre vie personnelle qu'au travail. Que découvrez-vous ? Comment votre interaction avec ces personnes change-t-elle lorsque vous prêtez attention à ce que dit leur corps ?

Je suis sûr que vous serez surpris de tout ce que vous pouvez apprendre et de la façon dont vous pouvez améliorer vos relations et vos communications grâce à ces connaissances. Et tout en explorant, rappelez-vous que nous apprenons et grandissons toujours ensemble sur ce chemin de la découverte du langage corporel. Êtes-vous prêt pour la dernière étape de ce chapitre ? Résumons tout ce que nous avons appris et voyons comment vous pouvez l'emporter avec vous dans votre voyage. Je vous promets que la fin de ce chapitre sera passionnante.

Cher lecteur, avez-vous réalisé le chemin parcouru ensemble dans ce chapitre ? Vous avez découvert les multiples facettes du langage corporel et comment il devient un outil essentiel tant dans les relations personnelles que dans l'environnement professionnel.

C'est là que la danse des regards, les subtilités d'une posture, la signification des gestes, tous ces éléments que nous avons explorés dans les chapitres précédents, sont tissés dans la tapisserie de notre interaction quotidienne. Au cours de ce voyage, vous avez appris non seulement à lire et à comprendre le langage corporel des autres, mais aussi à être conscient de votre propre langage corporel et à l'utiliser efficacement pour communiquer vos intentions et vos sentiments. Comme le dit la célèbre auteure et psychologue sociale Amy Cuddy dans son livre "Presence" (2015), "Votre corps peut changer votre esprit, et votre esprit peut changer votre comportement, et votre comportement peut changer vos résultats".

N'oubliez jamais que l'essence du langage corporel réside dans l'empathie, la capacité à comprendre et à partager les sentiments des autres. Bien qu'apprendre à interpréter le langage corporel puisse améliorer votre communication et vous aider à avoir des relations plus efficaces, il est toujours important de respecter les limites des autres et d'utiliser ces connaissances avec respect et considération.

Mon ami, nous sommes arrivés à la fin de ce chapitre, mais pas à la fin de notre aventure. Êtes-vous prêt à vous embarquer pour le prochain voyage, prêt à explorer davantage le monde fascinant de la communication non verbale ?

Le chapitre suivant nous amène à explorer les ressources futures et la direction que prend la science du langage corporel. Pouvez-vous imaginer comment cette science pourrait évoluer à l'avenir grâce aux progrès de la technologie et de la recherche ? Et si nous disposions d'outils capables d'analyser automatiquement le langage corporel et de fournir des interprétations en temps réel ? Comment cela pourrait-il changer notre façon de communiquer et de comprendre les autres ? Êtes-vous prêt à jeter un coup d'œil sur ce que l'avenir pourrait nous réserver ? Je vous promets que ce sera passionnant.

J'ai hâte que nous poursuivions ce voyage ensemble. Parce qu'à chaque chapitre, à chaque page, à chaque mot, vous et moi continuons à grandir et à apprendre ensemble. Et c'est là, cher lecteur, la véritable beauté de ce voyage. Alors, embarquons-nous ensemble pour le prochain chapitre ?

Chapitre 25 : Ressources futures : l'avenir de la science du langage corporel

Imaginez, cher lecteur, que vous vous trouvez au bord d'un grand lac, le lac de la connaissance. Vous avez navigué sur ses eaux dans les pages précédentes de ce livre, explorant les profondeurs de la communication non verbale, du langage corporel et de son influence sur tous les aspects de notre vie. Maintenant, debout sur la rive, je vous invite à regarder l'horizon. Que voyez-vous ?

S'agit-il d'un avenir dans lequel notre compréhension du langage corporel a été perfectionnée, dans lequel nous pouvons communiquer sans mots avec une précision et une efficacité étonnantes ? S'agit-il d'un avenir dans lequel la technologie et la science ont encore élargi les possibilités de cette forme de communication ? Dans ce chapitre, nous allons partir à la découverte des possibilités futures de la science du langage corporel.

Vous vous demandez peut-être pourquoi il est important d'explorer l'avenir de la science du langage corporel ? Permettez-moi de répondre à cette question par une autre : à quoi ressemblerait votre vie si vous pouviez comprendre et utiliser le langage corporel à son plein potentiel ? À quoi ressembleraient vos relations personnelles et professionnelles ? Comment pourriez-vous naviguer dans les interactions sociales et les situations difficiles avec plus d'aisance et d'assurance ?

Rappelez-vous ce que vous avez appris jusqu'à présent sur le langage corporel. Vous avez plongé dans le monde du silence qui parle, décodé les gestes et les postures, exploré le sens caché des regards et des pauses dans la conversation, appris à lire les signaux à travers l'écran, et bien plus encore. Pouvez-vous imaginer ce que ce serait si vous aviez accès à des outils et à des technologies qui pourraient vous aider à porter toutes ces compétences à un niveau supérieur ?

Tout comme nous avons assisté ces dernières années à des progrès étonnants dans des technologies telles que l'intelligence artificielle, la réalité virtuelle et la réalité augmentée, nous commençons également à voir des progrès dans les technologies et les méthodologies liées à l'interprétation du langage corporel. Il n'est pas difficile de prévoir que, dans les années à venir, ces progrès pourraient révolutionner notre compréhension et notre application du langage corporel.

Que se passerait-il si nous disposions de dispositifs de réalité augmentée capables d'analyser et d'interpréter le langage corporel en temps réel ? Que se passerait-il si nous disposions d'outils d'intelligence artificielle capables de nous aider à perfectionner nos compétences en matière d'interprétation du langage corporel, en nous fournissant un retour d'information en temps réel sur nos interactions ? Que se passerait-il si nous disposions d'applications et de logiciels capables d'analyser la communication non verbale lors de réunions en ligne, en nous aidant à améliorer notre efficacité et notre précision en matière de communication numérique ?

Toutes ces possibilités pourraient être à notre portée à l'avenir. Mais qu'est-ce que cela signifie pour vous, cher lecteur, et comment pouvez-vous bénéficier de ces avancées dans la science du langage corporel ? Nous allons commencer par approfondir ces questions.

Pensez un instant à la dernière interaction sociale significative que vous avez eue. Il s'agissait peut-être d'une réunion au travail, d'un dîner avec un ami ou d'un appel téléphonique avec un être cher. Qu'est-ce qui aurait changé si vous aviez eu la capacité d'interpréter le langage corporel avec un niveau de précision jamais atteint auparavant ? Auriez-vous perçu un message caché, une émotion non exprimée, un signal qui vous aurait aidé à gérer l'interaction plus efficacement ?

Il est intéressant de noter ce qu'Albert Mehrabian mentionne dans son étude de 1971 intitulée "Silent Messages". Plus de 90 % de la communication est non verbale, y compris le ton de la voix, la posture, les gestes et les expressions faciales. En gardant cela à l'esprit, vous pouvez commencer à comprendre l'ampleur de l'impact que ces avancées technologiques peuvent avoir sur nos vies.

Nous commençons déjà à voir les prémices de cette révolution dans la science du langage corporel. Paul Ekman, célèbre pour ses recherches sur les micro-expressions et auteur du livre "Telling Lies : Clues to Deceit in the Marketplace, Politics, and Marriage" (1985), a développé des programmes de formation en ligne qui utilisent des vidéos et des commentaires interactifs pour apprendre aux gens à détecter les micro-expressions qui pourraient indiquer des mensonges ou des émotions cachées.

Imaginez la possibilité que cette formation soit assistée par l'intelligence artificielle à l'avenir. L'idée d'avoir un assistant personnel doté d'une intelligence artificielle qui vous aide à mieux comprendre les subtilités du langage corporel des personnes avec lesquelles vous interagissez ne vous enthousiasme-t-elle pas ?

Alex Pentland, dans son livre "Social Physics : How Good Ideas Spread-The Lessons from a New Science" (2014), parle de "prosodie sociale", les subtilités de la communication non verbale qui nous aident à comprendre les dynamiques sociales et qui pourraient être détectées et analysées à l'aide de technologies avancées. Pourriez-vous imaginer ce que ce serait si nous avions des applications de réalité augmentée qui pourraient vous montrer cette prosodie sociale au cours de vos interactions quotidiennes ?

Ces avancées promettent une nouvelle ère de compréhension, de conscience de soi et de compétences de communication sans précédent. Mais quelles sont les implications éthiques et pratiques de ces avancées, et comment pouvons-nous nous assurer que ces outils sont utilisés pour le bien, pour améliorer nos relations et notre compréhension mutuelle, et non pour manipuler ou tromper ? Telles sont les questions que nous devons commencer à poser dès maintenant, afin d'être prêts pour l'avenir.

Cet avenir peut sembler lointain, mais je suis sûr que vous êtes aussi enthousiaste que moi quant aux possibilités qu'il offre. L'idée de pouvoir comprendre vos proches, vos collègues, et même vous-même, d'une manière plus profonde et plus significative, ne vous fait-elle pas frémir d'impatience ? Allez, mon ami, poursuivons ensemble ce voyage vers l'avenir de la science du langage corporel.

Et n'est-ce pas merveilleux de penser à tout ce qui nous attend ? Un avenir où la communication non verbale devient quelque chose que nous pouvons mesurer, analyser et comprendre avec une précision scientifique. Imaginez comment cela pourrait changer nos interactions, nos relations, notre compréhension de nous-mêmes et des autres.

Mais toute grande révolution s'accompagne d'une grande responsabilité : comment utiliser ces nouveaux outils et connaissances de manière éthique et respectueuse ? Comment éviter les dangers potentiels de la manipulation ou de l'abus ? Et, bien sûr, comment faire en sorte que ces progrès soient accessibles à tous, et pas seulement à quelques privilégiés ?

Susan Goldin-Meadow, auteur de "The Resilience of Language" (2003), est une figure clé dans ce domaine. Elle suggère que le langage corporel, tout comme le langage parlé, est une partie essentielle de notre humanité. Si cela est vrai, nous devrions traiter ces nouveaux développements avec la même considération et le même respect que ceux que nous accordons à notre langue parlée.

Prenons un exemple pour illustrer cela. Imaginez que vous êtes en réunion de travail. Votre patron parle du prochain projet. Mais vous avez à côté de vous un dispositif de réalité augmentée qui vous fournit une analyse en temps réel de son langage corporel. Vous voyez que ses gestes suggèrent qu'il n'est pas sûr de certains détails du projet, alors que son discours verbal exprime de la confiance. Comment agiriez-vous dans cette situation ? Utiliseriez-vous ces informations pour questionner votre patron et mettre en évidence ses insécurités, ou chercheriez-vous une manière constructive et respectueuse d'aborder le problème ?

Voilà le genre de dilemmes éthiques que cet avenir nous pose. Mais, bien qu'il puisse sembler intimidant, je suis persuadé que nous sommes à la hauteur du défi. Car, en fin de compte, ces outils ne sont que cela : des outils. Et c'est à nous qu'il incombe de décider de la manière dont nous les utilisons.

Êtes-vous prêt à assumer cette responsabilité ? Êtes-vous enthousiaste à l'idée de ce que l'avenir vous réserve ? Oui, il y aura peut-être des défis à relever. Mais ensemble, nous pouvons les relever. Ensemble, nous pouvons façonner ce nouveau monde de possibilités.

Maintenant que nous avons exploré l'importance de la science du langage corporel et ses applications futures possibles, il est temps d'envisager l'avenir. Dans la prochaine partie, nous ferons un pas en avant et nous parlerons de la manière dont nous pouvons nous préparer à cet avenir. Alors, mon ami, prenez une autre gorgée de café, ajustez vos lunettes de lecture si vous en avez, et préparez-vous à poursuivre ce voyage passionnant. Prêt ? c'est parti !

Maintenant, mon ami, nous avons atteint le point culminant de notre voyage dans l'univers vaste et intrigant du langage corporel. N'est-il pas étonnant de voir tout ce que nous avons exploré ensemble, tout ce que nous avons appris ? Et pourtant, tel un océan inexploré, il reste tant à découvrir. Il ne fait aucun doute que la science du langage corporel continuera d'évoluer, se déployant comme une carte perpétuellement inachevée.

L'avenir nous réserve une foule de développements passionnants dans ce domaine. Des technologies qui nous permettront d'analyser et de comprendre la communication non verbale d'une manière dont nous n'aurions jamais pu rêver auparavant. Mais n'oublions jamais qu'en fin de compte, nous sommes des êtres humains, et pas seulement des corps chargés de signaux et de signes à décoder. La véritable beauté de la communication non verbale réside dans sa capacité à saisir les nuances les plus subtiles de notre expérience humaine, les échos silencieux de notre âme qui résonnent dans chacun de nos gestes et de nos regards.

Vous souvenez-vous quand nous avons commencé ce voyage ? Nous étions à la préface, contemplant le silence qui parle, et maintenant, après tout ce temps, nous nous retrouvons ici, à la fin de tout cela, regardant vers un avenir plein de possibilités. Ah, l'ironie de finir là où nous avons commencé, mais avec tellement plus de connaissances, de perspectives et d'appréciation.

Ce voyage que nous avons entrepris ensemble a été rempli de merveilleux moments de découverte et de réflexion. Je vous suis profondément reconnaissant de m'avoir accompagné sur ce chemin d'apprentissage et d'exploration. Tel un phare, votre présence a illuminé chaque étape de ce voyage, chaque mot que nous avons partagé.

Au moment de clore ce dernier chapitre, je tiens à ce que vous sachiez à quel point j'ai apprécié votre compagnie tout au long de cette période. Ce fut un réel plaisir d'avoir l'occasion de partager mes connaissances et mes expériences avec vous. Ensemble, nous avons ouvert des portes sur de nouvelles perspectives et découvert la richesse cachée dans chaque silence, dans chaque geste.

Mais aujourd'hui, il est temps de dire au revoir. Il est temps de refermer ce livre et d'entamer de nouveaux voyages, chargés des leçons et des idées que nous avons partagées. Je veux que vous sachiez que même si ce livre se termine, notre voyage ensemble ne s'arrête pas là. Vous portez avec vous tout ce que vous avez appris, et avec cela, vous êtes prêts à affronter tous les défis que la vie vous réserve.

Nous voici donc au bout du chemin. Mais comme toujours, à chaque fin, un nouveau départ nous attend. Merci, mon ami, de m'avoir accompagné dans ce voyage. Ce fut un réel plaisir et un honneur. Et maintenant que nous nous disons au revoir, je tiens à vous souhaiter le meilleur. Puissiez-vous emporter avec vous tout ce que vous avez appris ici, et que cela éclaire votre chemin où que vous alliez.

Merci d'avoir partagé ce voyage. Merci pour toutes les questions que vous avez posées, pour toutes les pensées auxquelles vous avez réfléchi. J'espère que cela vous a donné une nouvelle perspective et une vision plus profonde de la communication humaine.

Adieu : Le pouvoir des silences : un dernier regard sur la profondeur de la communication non verbale

Eh bien, nous y voilà ! Il me semble que c'est hier que nous avons commencé ce fascinant voyage dans les mystères de la communication non verbale et nous sommes maintenant au bout du chemin. Oui, mon ami, nous avons parcouru beaucoup de chemin et je tiens à vous féliciter pour votre patience, votre dévouement et votre soif de connaissances. J'espère sincèrement que ce voyage a été aussi enrichissant pour vous qu'il l'a été pour moi.

Passons en revue, pour la dernière fois, les recoins de ce monde fascinant que nous avons exploré ensemble. Nous avons commencé notre aventure en comprenant les bases de la communication non verbale, ce silence puissant qui parle. Ensuite, nous nous sommes plongés dans le vocabulaire du corps, en décodant les gestes et les postures, en interprétant les regards, les silences dans les conversations et les expressions de nos mains.

Nous avons été fascinés par la science des micro-expressions, cette vérité cachée en une fraction de seconde, et nous avons déchiffré les mystères de la posture et de la démarche. Nous avons analysé la façon dont le langage corporel se manifeste dans le monde numérique et l'importance de la distance personnelle dans la communication. Nous avons découvert comment nos vêtements et accessoires peuvent parler pour nous et comment le rythme caché de notre synchronisation corporelle peut influencer nos interactions.

Nous avons étudié l'authenticité des sourires, la façon dont l'énergie et l'atmosphère invisibles peuvent modifier notre communication et comment nous pouvons créer une communication non verbale efficace. Nous avons identifié et géré les signaux défensifs, découvert les signaux d'attraction et de tromperie, et compris comment le langage corporel se manifeste dans les négociations, dans les différentes cultures et chez les enfants.

Nous avons pu pratiquer des techniques de décodage avancées, améliorer notre perception des indices non verbaux et examiner comment le langage corporel peut être appliqué à nos relations personnelles et au lieu de travail. Enfin, nous nous sommes penchés sur les ressources futures et sur l'avenir de la science du langage corporel.

L'étape suivante de votre parcours est l'application de ce que vous avez appris dans votre vie quotidienne. Pratiquez l'observation, la perception et, surtout, l'empathie. Vous pouvez également approfondir les sujets qui vous intéressent particulièrement, que ce soit par le biais d'ouvrages spécialisés, de cours ou de séminaires.

Une dernière faveur

Chère

J'espère que vous avez apprécié la lecture de mon livre. Je vous remercie d'avoir pris le temps de le lire et j'espère que son contenu vous a été utile. Je vous écris aujourd'hui pour vous faire une demande très importante.

En tant qu'auteur indépendant, les critiques sont extrêmement précieuses pour moi. Non seulement elles m'aident à obtenir un retour d'information précieux sur mon travail, mais elles peuvent également influencer la décision des autres lecteurs d'acheter le livre. Si vous pouviez prendre quelques minutes pour laisser un avis honnête sur Amazon, cela m'aiderait beaucoup.

Encore une fois, merci d'avoir pris le temps de lire mon livre et d'avoir pris en compte ma demande de critique. Vos commentaires et votre soutien comptent beaucoup pour moi en tant qu'auteur indépendant.

Vous pouvez également trouver d'autres livres sur ce sujet sur ma page d'auteur Amazon.

https://www.amazon.es/~/e/B0C4TS75MD

Vous pouvez également visiter mon site web www.libreriaonlinemax.com où vous trouverez tous les types d'hypnose expliqués en détail, des hypnothérapies, des ressources gratuites et des cours de niveau expert. Vous pouvez également utiliser le code QR suivant :

Je vous prie d'agréer, Madame, Monsieur, l'expression de mes salutations distinguées,

Antonio Jaimez